KB168653

유한성에 관하여

프랑수아즈 다스튀르

나길래 옮김

東 文 選

죽 음

Françoise Dastur
La mort

© Hatier, 1994

This edition was published by arrangement
with Hatier, Paris
through Sibylle Books, Seoul

차　례

서 론

죽음의 위대함

죽음은 위대하다.
웃는 입이여, 우리가 그에 속하는구나.
우리가 한창의 삶이라 믿을 때
그가 홀연 우리 안에서 울기 시작하는구나.

릴케[1]

"자유로운 인간은 조금도 죽음을 생각하지 않으며, 죽음이 아닌 삶에 대한 명상이야말로 그에게는 현명한 것이다."[2] 죽음을 사유할 소명을 철학에서 몽땅 제거해 버리는 스피노자의 이러한 단언은, 우리가 영원에 참여함을 상기시키면서 개인적 삶의 우연성과 유한성을 극복하도록 하는 것을 그 가장 기본적인 역할로 갖는 플라톤 이후의 형이상학의 근본적 경향을 표현했을 뿐인 듯하다. 죽음을 이기는 것, 그것은 '초감각적인 것'과 '부패하지 않는 것'에 대한 지식을 내세우는 형이상학뿐 아니라

---

1) 《형상시집》, Schluβstück, *Le Livre d'images*, Finale(1901).(M. Betz 프랑스어 번역)
2) 스피노자, 《윤리학》, IV장 LXVII절, R. Caillois 번역, coll. 〈Bibliothèque de la Pléiade〉, Gallimard, 1954.

개인의 존속을 약속하는 종교나 그것(죽음)을 사유하는 인간(죽을 운명)들의 독자적 진실의 유효성을 치세우는 과학, 또 더 일반적으로 인간 문화 전체의——왜냐하면 인간 문화는 본질적으로 여러 세대에 걸쳐 한 공동체의 지속적 보물이 되는 기술의 전달 가능성에 기초하므로——프로그램이다.

왜냐하면 공포의 대상인 죽음은 단지 상대화되어 나타나는 한에서, 그리고 우리 존재의 일부분에만 영향을 미치는 한에서 대적될 수 있을 것으로 보이기 때문이다. 스피노자는 또 주장하기를 "인간의 정신은 신체와 함께 완전히 파괴되는 것이 아니라 뭔가 영원한 것이 살아남는다"[3]고 했으며, 또 정신의 사유 본질의 영원한 실체로부터, 개인적 실체로서의 영혼의 어떠한 불멸도 추론할 수 없지만 "그럼에도 우리는 우리가 영원하다고 느끼고 경험한다"[4]라고 단언한다. 바로 인생의 한가운데서 하는 이 영원의 경험이, 피할 수 없는 죽음이라는 종국에——그 죽음을 사전에 실패로 돌릴 수 있을 것으로서——항상 대립되었던 것이다.

그렇다면 이 살짝 피하는 관계를 제외하고는 죽음과의 다른 관계가 없을까? 그리고 생각하는 존재로서 우리가 경험하는 '영원' 속에서 우리가 비시간적인 것에 속한다는 증거보다는, 시간성 자체에 고유한 어떤 **생성**이 있어서 그것을 통해 인간 속에 그 자신의 초월성의 지평을 투사할 수 있음을 보는 것은 가

---

3) 같은 책, V장 XXIII절.
4) 같은 책, V장 XXIII절의 주해.

능하지 않을까?

바로 그러한 관점에서 칸트에서 셸링, 휠덜린을 거쳐 헤겔에 이르는 독일 이상주의가 불멸성에서 유한한 이성의 '가정'을, 절대에서 본질적으로 어떤 역사를 필요로 하는 것을, 신성에서 초월적 창조를, 무한에서 유한의 의미를 볼 수 있었던 것이다. 마찬가지로 후설은 진실의 초시간성을 시간을 벗어난 진실의 존재라기보다 '전(全)시간성(omnitemporalité)' 즉 시간성 자체의 특수한 양태로 정의했고, 하이데거도 그 뒤를 이어 시간은 존재의 개념 자체에 대한 이해의 지평이라고 밝혔다.

이렇게 시간의 유한성, 즉 죽음 속에서 삶의 방책을 발견한다는 것은 죽음이 야기하는 두려움에 자신을 남김없이 내맡기면서 인내하며 항상 그것의 영향력 아래 머물 것을 요구한다. 그 무(無)인 죽음이 삶을 다스리게 하는 것, 그것은 그러나 어떤 허무주의적 영웅주의나 향수어린 한탄이 아니라, 반대로 죽음 앞에서 물러나지 않고 그것과 함께 애도(哀悼), 기쁨, 웃음, 눈물을 받아들이는 삶의 희-비극 속에서의 결합을 전제로 한다. 왜냐하면 시간일 뿐인 것에서는 소실될 수 있고, 그래서 순간 속에서 그것이 소멸되면서 있을 법한 반복 가능성의 그 어떤 무한한 지평도 투사하지 않고 오히려 죽을 운명의 존재의 근본적 일시성의 바탕 위에서 지워지는 것에 대해서만 정말로 즐거움이나 폭소가——즉 그에 대한 스피노자의 정의에 따르면, 기쁨이라는 그 조그만 완벽함에서 보다 큰 완벽함으로의 이행, 그것이 몸과 마음에 동시에 결부될 때[5]——생기기 때문에. 그래서 죽음의 위대함, 죽음 속에 있는 사유되기를 거부하는 것, 즉 어떤

한 등가성의 체계에 의해서건 그에 따라 재어지기를 거부하는 것, 그것은 우리의 유한성을 결여가 아닌 능력으로 만든다.

"그보다 더 위대한 것은 상상해 볼 수 없는 그 무엇"[6]이라고 서양의 전통에서 신에 대해 잘 말하고 있는 바를, 실은 죽음에 대해서도 말할 수 있을 것이다. 죽음이 존재의 충만함, 지고한 완성이어서가 아니라 그 반대로 절대적 없음, 결코 다스릴 수 없으며, 우리에게 미치는 그 전능한 힘이 유일신의 전능한 힘과 유사한, 사유 불가능하고 윤곽을 잡을 수 없는 '대상'이기에.

너무나 완전하여 이해력 속에서만 존재할 수 없고, 현실적으로도 또한 필연적으로 존재해야 하는 어떤 존재의 개념에서 '존재론적 증명'을 인정할 수 있는 것과 마찬가지로(그것은 몰상식적이지 않고는 그의 비존재가 생각될 수 없음을 전제로 한다), 죽음에 대한 앎을——우리가 체험할 수 없는 기상천외한 곳으로 우리를 열어 주기에——다른 종류의 앎과 비교할 수 없는, 절대적으로 확실한 것으로 만드는 '죽음론적 증명'이라는 개념도 받아들여질 수 있다.

왜냐하면 생각이 절대의 존재를 내세우는 행위를 부인하면서는——그 행위가 그것의 본질 자체이므로——생각 자체도 부인할 수밖에 없다 하더라도, 그 생각은 먼저 그러한 입장 자체가 오직 사유하는 존재의 시간성 내에서, 그의 죽어야 할 운명에 기초해서 있다는 것을 먼저 인정해야 하기 때문이다. 신성의

---

5) 같은 책, III장 XI절, 주해.
6) 안셀무스, 《대어록(對語錄)》, Vrin, 1954, p.13.

차원의 위대함이라는 그 절대적 위대함은 그래서 죽음의 절대적 위대함과 불가해성에서 **모든 것**을 빌리며, 따라서 본질적 의미로 신성과 죽음은 분리될 수 없고, 오랜 역사를 거쳐 인간이 인지하게 되고 이름 붙이게 되는 모든 신들은 어쩌면 죽음의(여기서 속격은 일방적으로 주격적이다) 신들, 인간이 인간적인 것 이상과 관계를 갖게 할 수 있고, 그래서 인간의 정신과 거처를 특징짓는 그 '빛'의 사라지지 않는 어두운 원천이 될 그러한 죽음의 신들일 뿐이라는 것을 결국은 알아야 한다.

그래서 하나님을 존재의 저편, 세상 만물의 존재의 측정할 수 없는――어떤 의미에서 존재하는 그 **아무것도 아닌**――초본질성에 위치시키고 싶어하는 부정적 신학보다는, 어쩌면 유일하게 초시간의 지평과 신성의 형상들을 생기게 할 수 있는 죽음과 무, 그것들에 대한 사유가 더 필요하다. "신들(불사의 존재들〔immortels〕):인간들(죽을 운명의 존재들〔mortels〕), 인간들:신들, 이들의 죽음으로 사는 저들, 저들의 삶으로 죽어가는 이들"이라고 헤라클레이토스[7]가 이미 말했었다. 인간들이 그들이 신들에게 허락하는 삶을 죽음 속에서 잃는 것처럼 신들은 자신을 신으로 알기 위해 인간들의 죽음을 필요로 하기에 인간들과의 대립으로 사는 것이다. 흔히 제대로 이해되지 못했던 이런 의미에서 바로 하이데거는 인간에게서 신성 쪽으로 바라보는[8] 그 '죽을 운명의 유한자'를 보았으며, 죽음을 무(無)의 상자인 동시에

---

7) 헤라클레이토스, Diels-Kranz 번호 매김 62편. M. 콩쉬의 명쾌한 주석을 볼 것, 《단상들》, PUF, 1986, p.369 이하.

8) M. 하이데거, 〈전환점〉, 《질문 IV》, Gallimard, 1976, p.152.

존재의 피난처라고[9] 말할 수 있었던 것이다.

9) M. 하이데거, 〈그것〉, in 《에세이와 강연 모음》, Gallimard, 1958, p.212-213.

I

문화와 죽음

인간은 자신이 죽으리란 것을 안다. 일반적으로 그 '앎'을 언어·사고·웃음과 함께 인류의 기본 특성으로 보는 데 의견을 같이한다. 그런데 동물이 어떤 방식으로 자신의 죽음을 예견하지 않는다거나, 살아 있는 모든 것이 우리가 모르는 어떤 방식으로 자신의 종말과 어떤 특유의 관계를 갖지 않으리라는 것은 그리 확실치가 않다. 아무튼 분명한 것은 고유한 죽음인 그 종말이 생각, 즉 표상이 있게 되자 그 표상의 우선 주제처럼 나타나게 되고, 그래서 인류가 자신에 대해 의식하게 되는 것은 죽음과 대면함으로써만 가능하다고 주장할 수 있을 정도라는 점이다. 우리 역사에 대한 가장 오래된 증거의 하나인 메소포타미아의 길가메시 서사시는 서기전 2천년 초까지 거슬러 올라가는데, 우루크의 전설적 왕이자 반신(半神)인 길가메시가 인간-동물의 중간 위상을 가진 그의 친구 엔키두(Enkidou)가 죽는 순간 죽을 운명인 인간의 조건을 발견하게 된다는 이야기, 죽음을 막아 줄 약을 구하러 그가 위험한 여행을 단행한다는 이야기를 담고 있다. 어떤 의미로 모든 문학의 시작이라 할 이 글에서, 죽음과의 관계가 타인의 죽음과의 관계로서, 마치 사람의 인간성이 생활 공동체의——여기서 길가메시와 엔키두의 우정을 상징하는 '타인과 함께하는 존재'의——범주 내에서만 이루어질 수 있었던 듯이 묘사된 점이 의미심장하다.

왜냐하면 죽음 그 자체의 경험은 없고——그것은 에피쿠로스가 우리가 존재할 동안 죽음은 없으며, 죽음이 왔을 때 우리는 더 이상 없으며, 그러므로 우리에게 죽음은 아무것도 아니라[1]고 말하면서 훌륭히 표현한 바이다——단지 타인의 죽음의 경험과 최초의 애도 경험에서 죽을 운명과의 관계로서 자신과의 관계 수립이 있을 뿐이므로. 그래서 길가메시는 엔키두가 죽은 후 그 친구에게 닥친 일을 줄곧 생각하며 같은 운명을 맞을 것이 두려워, 피할 수 없는 종말이 만물의 속성 자체인 듯 보이는데도 그것을 거역하면서 신들이 그들 자신의 삶을 위해 인간들에게 정해 놓은 죽음이라는 보편 법칙을 자신이 피할 수 있게 해줄 무엇인가를 헛되이 찾아나서게 된다.[2]

1. 애도, 문화의 기원

만물의 속성에 수동적으로 속하지 않으려는 그 의지가 아마도 인류학적 관점에서 볼 때 장례 의식의 중요성을 설명해 준

---

1) 에피쿠로스, 《메노이케우스에게 보낸 편지》.
2) 《길가메시》, 성경 관련 자료들, F. Malbrant-Labat의 소개, 번역, 주석, Éd. du Cerf, 1992, p.59.

다. 그래서 어쩌면 아주 내면적인 자신의 죽을 운명을 앎, 그것보다는 애도라는 외부적 태도로 인간을 정의해야 할 것이다. 그 애도의 태도는 또한 매우 폭넓은 관점에서 고려되어야 할 것이고, 거기에는 다양한 문화에서 나타나는 여러 가지 장례 의식뿐만 아니라──하관, 미라로 만들기, 매장, 화장, 게다가 아주 정교한 의식을 따르는 사자(死者) 전시까지[3]──그외 문화적 태도들, 특히 공동체적 기억의 구성을 담당하는 모든 태도들도 포함시켜야 할 것이다. 송장은 부패 가능한 오염원으로, 사물과 사람 사이의 불안한 중간 위치를 차지하기 때문에 죽은 자의 몸을 만지는 그 자체가 흔히 산 사람들의 사회에서 추방된 집단의 사람들의 전유물일 수밖에 없는 더러운 활동으로 간주된다. 그런데 죽은 자와 친족들과의 관계는, 애도가──장례 의식 자체는 본질적으로 그 가시적 매개일 뿐이다──사자의 내면화 과정이므로 아주 일찍이 뚜렷이 '정신화' 된다.

왜냐하면 인간은 그의 '동시대인들' 뿐 아니라 어쩌면 그의 선인들과 함께 공동체 생활을 함으로써 더욱더──도시국가의 설립은 모든 정치 활동에 그것을 행하는 개인을 훨씬 초월하는 역사적 무게를 실어 주는 신화적 과거의 깊이 속에다 도시국가를 그려넣으므로──아리스토텔레스의 그 유명한 정의대로 정치

---

3) 죽은 자들을 전시하는 문화로는 특히 조로아스터교인들의 문화가 잘 알려져 있다. 그들은 죽은 자들을 유명한 '침묵의 탑' 의 꼭대기에다 독수리들을 위해 내놓는데, 그곳은 묘지기들에게만 허락되고 다른 모든 사람들에게는 금지된 곳이며, 납골당으로 쓰여서 뼈들은 나중에 그 탑들 아래에 있는 구덩이에 내던져진다.

적 동물이기 때문이다. 자주 인용되는 "인간의 특성은 그의 영 (靈, 수호신)에 있다"라는 헤라클레이토스의 한 구절이 시사하 듯,[4] 각 개인을 일생 동안 따라다니는 개인적 daimon(영, 수호 신)을 믿는 그리스 신앙은 모든 문화의 단일한 기저인 조상들의 영혼과 함께하는 그 삶의 공동체를 나타나게 할 뿐으로, 인간의 삶은 죽은 자들과 '함께' 하는 삶이라는 것, 바로 그것이 어쩌면 실제적으로 인간의 생애를 단순히 동물적인 삶과 구별해 주는 것이다. 사실 시간의 거역할 수 없는 흐름을 어느 정도 지배할 수 있을 때 문화가 있으며, 그 점은 부재를 막아 주기 위한 여러 기술들의 가동을 전제로 하는데, 대표적인 부재는 대치 불가능 한, 일시적으로가 아니라 절대적으로 사라지는 죽은 자의 부재 이다. 그래서 넓은 뜻으로 부재의 인수로 받아들여진 애도에서 문화 자체의 기원을 보는 것도 타당하다.

그리하여 만약 모든 문화가 넓은 의미로 죽음의 문화라면, 그 점은 장례 의식이나 생생한 말을 문자로 보관하는 데서나, 조상 숭배나 신화적 이야기 그리고 일반적으로 문학이 잘 나타내고 있는 바인데, 그건 바로 죽음이라는 그 근본적 휴지(休止)가 수 용──인정과 부인을 **동시에** 의미한다──되어야 하기 때문이 다. 사실 죽음에 대한 어느 역사인류학은[5] 고대 사회의 인간들 이 최종적이고 총체적인 파괴의 개념을 사실 아주 싫어해서, 죽 은 자들이 우리들 곁에서 보이지 않는 삶을 계속하면서 스스로

---

4) 헤라클레이토스, Diels-Kranz 번호 매김 119절.
5) Cf. E. 모랭, 《인간과 죽음》, Seuil, 1976.

살아 있노라고 말하는 사람들의 생활 과정에 줄곧 개입한다고 생각한다는 점을 지적한다. 여기서 죽은 자들과 산 자들 간의 단절은 명백하지 않고, 플라톤의《국가》를 마무리짓는 Er le Pamphylien(팜필리아인 에르)의 신화에서 아직 그 흔적이 보이는 환생에 대한 동양적 믿음이 그것을 입증하듯이, 죽음이 삶의 과정에 통합된 쪽으로 보인다. 죽음 이후의 삶에 대해 말해 주는 그 신화는 이미 마땅히 '종말론적'('극단의' '마지막의'라는 그리스어 eskhatos에서)이라고 할 수 있지만, 탄생과 죽음의 대칭을 선호하고 죽음에서 회생과 생의 새로운 순환의 서곡을 보는 사고 구도에 근거하는 만큼, 저세상의 최종적 절대를 향한 선(線)적 변화의 모델에 따라 지상의 개별적 생을 이해하는 엄격한 의미의 종말론적 표상과는 대립된다.

2. 종말론적 창안

사실은 여전히 죽음이라는 그 사유 불가능한 것에 의미를 부여하는 것이 관건이며, 그리고 초월 혹은 위반을 뜻하는 단어 trépas(죽음, 운명)나 떠남 혹은 이별의 개념을 내포하는 단어 décès(사망)라는 프랑스어의 단어가 잘 증명하듯이, 그 속에서 어떤 종말이 아니라 옮아감을 보려는 경향이 있다. 경험적 자아의 상실에서 어떤 절대적 "나는 존재한다"가 생기므로 죽음을 항상 새로운 형태로 꾸준히 지속되는 삶에 내재하는 단절로 생각하고, 그래서 개인은 어떤 특정한 방식으로만 죽을 뿐이라고 생각하는 것이 가능하다──그 점이 서기전 5세기경 절대 자아, 아트만의 불멸성을 노래한 우파니샤드의 가르침이기도 하고, 단지 경험적 자아만이 죽을 뿐 순수 초월적 자아는 태어나지도 사라지지도 않는다는 후설 현상학의 가르침이기도 하다.[6]

하지만 개별적 생존에 전적으로 무게를 부여하면서 죽음에다 이승과 저승 사이의 전면적 휴지의 의미를 줄 수도 있다. 왜냐하면 저승은 그 그림자들의 세계를 다스리느니 가난한 밭갈이 농부의 쟁기를 끄는 머슴처럼 불쌍하게 살더라도 이승이 낫다고 아킬레우스가 율리시스에게 말할 때의 사자들이 머무는 그 쓸쓸한 곳일 뿐 아니라,[7] 의인들에게 약속된 영원한 삶을 정말로 재창조된 후 즐기는 자들, 부활자들의 왕국이기도 하기 때문이다. 바로 여기서 종말론은 영혼의 영원한 회귀나 영원한 윤회라는 개념과 결정적으로 갈라서는 시간의 종말과 신체의 부활의 개념으로 그 전적 의미를 지니게 된다.

각자 자신의 과거 행위를 보고해야 하는 최후의 심판을 향해 있는 시간성이라는 윤리적 창안은 단지 아브라함 종교에만 있는 것이 아니라, 너무 쉽게 잊어버리지만 이미 조로아스터교인들의 페르시아에서 나타나고, 르낭이 잘 알고 있었듯이[8] 구원의 교리, sotériologie(구원론)('구원자,' 그리스어 sôtêr)라는 개념

---

6) 특히 E. 후설, 《현상학을 위한 주 개념들》, Livre II, 〈구성을 위한 현상학적 탐구〉, Gallimard, 1982, p.154 이하.

7) 《오디세이》, Chant XI, 플라톤이 《국가》에서 인용하는 부분.

8) Cf. J. E. 르낭, 《예수의 생애》, coll. 〈Folio〉, Gallimard, 1974, p.118. 차라투스트라에게서 도덕의 창안자를 볼 줄 알았던 니체도 그 점을 제대로 보았다. Cf. 《이 사람을 보라》, 〈나는 왜 운명인가〉, §3.

자체도 거기에서 왔다. 실제로 마즈다(조로아스터교에서 인정하는 유일한 신인 지혜로운 주님 Ahura Mazda에서) 유일신교에는, 구약의 예언자들이 기도하는 messiah와 복음서의 christos──히브리어나 그리스어에서 같은 'oint(성유를 받은)'(onction은 왕들의 대관식)이라는 뜻을 지닌──를 예고하는 Saoshyant(구세주이자 은인)의 도래의 언급뿐만 아니라, 성 바울에[9] 의해 다시 사용될 '영광의' 신체들의 부활이라는 개념, 그리고 일생 동안 이룩한 행위에 대한 보수의 우주적 차원을 통해──망명 후의 묵시론적 예언론의 주요 주제가 될──'최후의 심판'의 범주에 포함되는 천당과 지옥의 개념이 나타난다.[10] 구약에서 재사용하는 가장 유명한 단어가 실은 '천국'(페르시아어 pairi-daeza, 울타리진 땅, 정원을 뜻하는데 히브리어 pardes로 되고 그리스어로 paradei-sos로 된다)이라는 단어인데, 의인들에게 약속된 체류지를 지칭한다. 하지만 그것은 마즈다교(조로아스터교)에서 구세주의 도래로 가능하게 되는 신의 왕국과는 시간의 종말에, apo-

───────────────

9) 랍비들의 전통과 마찬가지로 성 아우구스티누스와 성 토마스 아퀴나스에 의해서도 주장될 이론인 '육체적' 신체의 부활이 아니라, 실은 부패하지 않는 영적 신체의 부활이 문제이다. 성 바울이 "육의 몸으로 씨뿌려져 신령한 몸으로 다시 서느니라. 육의 몸이 있은즉 신령한 몸이 있느니라 […] 처음의 사람은 땅에서 났으니 흙에서 왔거니와 두번째 사람은 하늘에서 나셨느니라 […] 우리가 땅의 형상을 지닌 것같이 또한 하늘의 형상도 지니느니라"라고 분명하게 단언하듯이(성 바울의 〈고린도전서〉, XV, 44, 47, 49. 여기 인용한 신약 번역은 Bibliothèque de la Pléiade, Gallimard, 1971).

10) 바빌로니아 망명의 종말과 예루살렘 사원의 재건을 명령한 페르시아 왕 키루스의 칙령(서기전 538년)으로 대표되는 시대의 성경 예언문학이 띠는 새로운 특징은, 예언이 전도보다 우세하고 이미지가 설화보다 우세한 그런 유형의 문학을 지칭하는 그리스어 apocalypsis('들추기')로 잘 나타난다.

katastasis pantôn, 즉 만물의 복원이라고 신약 역시 명명하는, 전체 부활과 함께 오는 세상의 현성용(顯聖容)의 순간에만 실제로 동일시될 수 있다.[11]

그러한 종말론의 개념에서 아브라함·이삭·야곱의 하나님은 죽은 자들의 하나님이 아니라 산 자들의 하나님이라 선언하면서, 죽은 자들로 하여금 저희 죽은 자를 장사하게 하고 자신을 따르라고 제자들에게 충고한 예수의 말에서 그 메아리를 들을 수 있는, 삶의 무조건적 긍정과 죽음 저지라는 강력한 장치를 만나게 된다.[12] 그러나 기독교 종말론에는 조로아스터교도들이나 히브리인들의 종말론과는 뚜렷이 구별되는, 어쩌면 분명 방향은 다르지만 샤토브리앙이나 니체가 기독교의 '정수'[13]라고 명명하는 것, 즉 생존과 불멸의 모든 문제에 대하여 신의 죽음을 기본 의례의 중심으로 선언하는 종교의 예수 죽음 중심화가 ——"이 빵을 먹으며, 그리고 이 잔을 마실 때마다 당신은 주의 죽음을 그가 올 때까지 전하는 것입니다"[14]—— 있다.

실제로 그 '최초의 기독교인,' 그 '기독교성의 창안자'[15] 성 바울에게서, 젊은 하이데거가[16] 아주 강조하듯 더 이상 기다려

---

11) 〈사도행전〉, III, 21.

12) 〈마태복음〉, XXII, 32와 VIII, 22.

13) F. 니체는 인간의 빚을 갚기 위해서 자신을 희생하여 바치는 신의 개념 속에서 '기독교의 정수'를 본다.(《도덕 계통학》, 둘째 논고, §21)

14) 성 바울의 〈고린도전서〉, XI, 26. 《늙어감과 죽음》(PUF, 1956, p.72 이하)에서 기독교에 관한 Roger Mehl의 아주 흥미로운 분석을 볼 것.

15) F. 니체, 《여명》, §68.

16) 아직 출판되지 않은 〈종교현상학〉에 관한 1920-1921년 겨울 학기 강의에서.

야 할 미래의 사건이라는 의미가 아니라 반대로 이미 알고 깨어 있는 이들이 계속 염두에 두는 임박성이라는 의미를 갖는 eskhaton, 그 영광스런 예수의 두번째 도래라는 아주 새로운 개념이 보인다——"때와 시기에 대해서는 형제들이여 그대들에게 그에 대해 쓸 필요가 없다. 여러분들 스스로 주님의 날이 밤에 도적같이 온다는 사실을 바로 알고 있기에. 그들이 평안하다, 안전하다 말할 그때에 갑자기 파멸이 그들을 덮치리라[…]. 하지만 형제 여러분들은 어두움에 있지 아니하매 그날이 도적같이 너희에게 임하지 못할 것이라[…]. 우리는 밤이나 어두움에 속하지 않으니, 다른 사람들처럼 잠자지 말고 오직 깨어 근신합시다."[17] 성 바울에게서 의미하는 특별한 종말론적 의미로 parousie,[18] 즉 주님의 날의 **임박**함과 진정한 관계를 갖는다는 것은 깨어 있다는 것이고, 그 깨어 있음은 그 자체가 안전의 추구가 아니라 반대로 그의 도래의 순간의 절대적 불명확성을 앎에 기초한다. 그래서 젊은 하이데거에게 기독교성은 죽음의 순간에 대한 계속적·본질적·필연적 불확실성에 대한 확실한 앎에 기초하는 것으로서의 그 유한적 시간성의 경험일 뿐이다.

하지만 기독교는 예수의 죽음과 부활을 똑같이 힘주어 강조하고, 비록 죽음의 단절을 가장 높은 단계에 올리고, 구인간과 신인간 사이에 동일한 실체의 연속성과 영원성보다는 부활이라는 신성한 행위에 의한 진정한 재창조를 놓는다 하더라도, 죽어

---

17) 성 바울의 〈데살로니가전서〉, V, 1-6.
18) '현존'을 뜻하는 그리스어 parousia에서 온 단어로 성 바울이 예수의 두번째 도래를 지칭하기 위해 사용한다.

야 하는 인간 조건은 거기서 부활한 예수라는 인물 속에서 여전히, 말하자면 '부흥' 되는데, 그러한 것 역시 그 인물을 근본적으로 개연성 있게 만들면서 어떤 초월적 삶, 사후의 삶(la survie)의 가능성을 확언하는 방식의 하나이다. 기독교와 함께 죽음에 승리하는 하나님의 개념이 나타나고, 또한 그것과 함께, 침묵하는 하나님한테 버림받은 예수가 십자가 위에서 죽는 형태로 인간 운명의 비극도 나타난다. 고통의 시련을 겪으면서 '모든 기대를 거슬러 소망할'[19] 줄 알게 되는, 니체를 그렇게 신경 쓰게 만들었던 십자가에 처형된 자의 역설, 즉 죽어가면서 죽음의 제압자가 되고, 죽음에 자신을 내맡김으로써 삶과 즐거움을 얻게 되는 신의 역설, 그것의 가장 훌륭한 설명을 아마도 열성적 천주교인인 조르주 베르나노스의 소설 작품 속에서 발견할 수 있을 터인데, 그의 주인공들은 죽음이 그들을 덮치는 바로 그 순간에 죽음을 이겨낸다. 《카르멜 수녀들의 대화》에서 일생동안 죽음을 두려워하다가 노래하면서 겁없이 사형대로 나아가는 블랑쉬 드 라 포르스의 경우가 그렇고, 《시골 사제의 일기》에서 앙브리쿠르 신부의 경우가 그런데——"모두가 은총이다"라는 이 작품의 마지막 문장은 결국 아주 니체적인 단언이면서, 또 그 한 문장으로 베르나노스의 모든 작품을 요약한다——아주 어두운 그의 소설 작품들 중 하나는 《기쁨》이라는 제목을 달고 있다. "오 죽음이여, 너의 승리는 어디 있느냐? 오 죽음이여, 너의 침은 어디 있느냐?"[20] 기독교인의 마지막 외침은 그러하다.

---

19) 성 바울의 〈로마서〉, IV, 18.

죽을 운명의 인수의 이미지는 그래서 다른 데서 찾아야 하는 것이다.

3. 비극과 죽을 운명

일시적 예술 형태의 하나였던 그리스 비극에서 실은 근본적으로 죽을 운명의 인간 조건의 첫번째 **재현**을 보게 된다. 젊은 니체는 그 '애도놀이'(실제 그것이 Trauerspiel, 비극이라는 독일어 단어이다)에서 죽을 운명의 인간 실존의 끔찍함에 대한 의식과 신들로 가득한 올림포스 세계에 대한 꿈의 연결을 보았었다. 왜냐하면 그에 따르면 그리스인은 존재의 부조리에 가장 예민한 인간으로, 우주 역사의 끔찍한 파괴 과정을 훤히 꿰뚫는 시선을 지니며, 자연의 잔인함에 대해 모르는 게 없고, "시인의 창조물은, 우리의 시선이 심연에 닿은 후에, 우리를 진정시키기 위해, 자연이 우리에게 던지는 그 빛나는 이미지이기에,"[21] 사후 세계의 개념이나 신들의 빛나는 형상들에서가 아니라 유일하게 그를 구해 줄 수 있는 예술의 거짓말 속에서 위안을 찾는 자이기 때문이다.[22] 실은 인간의 지혜, 즉 자신의 죽을 운명을 아는 것이 자연의 비밀을 꿰뚫어 그 흐름을 거슬러 가는, 그리고 오이디푸스가 스핑크스에게 한 대답이 보여 주듯, 운명의 가

---

20) 성 바울의 〈고린도전서〉, XV, 55.
21) F. 니체, 《비극의 탄생》, Gallimard, 1949, §7.
22) 같은 책, §9.

차없는 명령 속에서 자신의 벌을 알아보는 그러한 기괴함인 것이다. 인간 실존에서 반자연적인 것은 바로 그것이 완전히 살아 있는 삶이 아니라 사자들과의 관계를 속에 포함하고 있는 삶이라는 바로 그 점이다.

그리스 비극에서 묘사하는 것 또한 일면 산 자들과 죽었지만 현존하는 자들로 가득 찬 가시적이면서 동시에 비가시적이기도 한 고대 세계이다——예를 들면 소포클레스의 《안티고네》에서 그녀가 오빠에게 관을 마련해 주려고 자신의 목숨을 걸면서 끈질기게 애쓰는 모습에는 사라진 개별 존재를 daimon 즉 영(수호신)으로 만들어 보편성으로 끌어올리면서 죽음에 어떤 의미를 부여해야 하는 중요성이 잘 보인다. 왜냐하면 거기서 죽음은, 《정신현상학》[23]에서 그 비극에 대해 헤겔이 해석하면서 강조하듯이 genos(출생,인종)의 본질과 그리스식 가족의 연속성인 그 정신적 삶의 시작이기 때문이다. 개별적 인간은 그가 살아 있는 동안 도시국가에서만 그의 실제적이고 본질적인 존재를 발견하므로 도시국가에 속한다고 한다면, 그의 죽음이란 우연성은 그를 자연의 지배로 되돌리는 것이고, 관을 마련해 주어 그에게 정신적 진실을 찾아 주면서 자연에서 죽음을 탈취해 와서 책임지는 것은——크레온에 대항에서 안티고네가 주장하는 그 신성한 법칙을 대표하는——가족의 역할이다. 그래서 조상에게는 관이라는 최종적인 명예를 얻지 못하는 것보다 더 끔찍한 일

---

23) G. 헤겔, 《정신현상학》, VI장, 〈정신〉, 〈A) L'esprit vrai, l'ordre éthique〉, Aubier Montaigne, 1939-1941, II권, p.14 이하.

이 없는데, 왜냐하면 죽은 자들이 산 자들에게 미치는 힘을 막는 최후의 보호 장치인 장례 의식이라는 기억의 내면화 과정을 거치지 않는 한, 또 죽은 자가 그 죽음과 삶 모두의 바깥에 있는 유령의 음산한 낯섦으로 생존자의 의식을 줄곧 따라다니는 한, 여기서 정말 두려움의 대상이 되는 것은 죽음 자체보다는 죽은 자이기 때문이다.

하지만 이미 바로 그 비극에서도, 훌륭한 기술을 지닌 인간이라는 그 '끔찍스런 경이'(deinon이라는 그리스어는 실제 두 가지 대립적 의미를 갖는다)를 노래하는 유명한 합창곡에서 (333행과 이하) 소포클레스는 인간이 아주 끈질긴 질병들에 대해 상상해 낼 수 있었던 그런 치유책을 오직 죽음에 대해서만은 고안해 내지 못했음을 확인한다. 죽음에 대한 치유책이 없다는 것, 죽을 운명은 인간의 몫이고, 그래서 인간은 탄생과 죽음을 겪지 않아 인간 세상을 그들 존재로 채우지 못하는 신들과는 근본적으로 구별된다는 것, 그것은 바로 소포클레스의 비극에서 철학의 출현을 준비하는 것이기도 하다.

소포클레스의 다른 비극의 주인공 오이디푸스에서 앎을 욕망하며 추구하는 자, 철학자의 전형을 보는 것도 타당하리라. 왜냐하면 안티고네와는 반대로 오이디푸스는 장님이 되기까지 겪는 오랜 방랑 과정에 죽지는 않지만 말하자면 끊임없이 자신의 죽음을 살아가는 그런 비극의 영웅이기 때문이다──작품 속에서 합창단은 그를 우리가 이 단어에 부여하는 현대적 의미의 '무신론자'의 뜻으로가 아니라, 그를 떠나 멀어지면서 그를 느릿느릿 기다려지는 죽음의 운명에 처해 있다는 의식의 고독 속에 내버려두는 신, 그 신에 의해 버림받았다는, '신이 없이'라는 뜻으로 그를 atheos라고 명명한다.(《오이디푸스 왕》661행) 횔덜린은 소포클레스의 두 비극의 번역에 덧붙인 주에서 두 가지 종류의 죽음, 즉 실제적인 안티고네의 신체적 죽음과 오이디푸스를 사로잡아 그가 신들과 같아질 저 세상으로 달아나지 못하고 자신의 운명을 다스린다는 자만 속에서 이 세상에 되돌아오게 처단하는 영적인 죽음을 구별한다. 《콜로노스의 오이디푸스》에서 소포클레스는 그 저버림을 견디어내는, 말하자면 살아서 죽은 사람으로 살아가는 오이디푸스의 그 두번째 삶을 묘사하는데, 거기에는 몽테뉴가 플라톤과 스토아학파 철학자들한테서 이어받은 "무엇이 철학인가, 죽는 것을 배우는 것이다"[24]라는 놀라운 표현으로 차후에 하게 되는 철학적 삶의 정의가 예시되어 있다.

실로 죽음은 더 이상 '일반적 죽음,' 산 사람에게 뜻하지 않은 '사고'나 그의 피할 수 없는 '운명'으로가 아니라 '고유한 죽음' '나의 죽음'으로 나타날 때에만 철학적 담론의 대상이 되는데, 그것은 사유하는 자가 자신의 사라질 가능성을 고려함을 전제로 한다. 죽음에 관한 철학적 담론은 그러므로 엄밀히 죽을 운명에 대한 혹은 죽을 운명으로서의 죽을 운명인 존재(인간)에 대한 담론이다.

---

24)《수상록》, livre I, XIX장의 제목.

II

죽음에 관한 형이상학

가시적인 것과 비가시적인 것, 산 사람들과 죽은 사람들의 관계가 더 이상 뚜렷하지 않고, 죽음과 삶 사이의, 감성과 관념 세계 사이의 휴지(休止)가 극복할 수 없는 듯 나타나는 순간부터 철학은 특정한 문화 현상으로 드러난다. 그런데 그와 동시에 죽을 운명을 지닌 것과 불멸의 것 사이의 근원적 경계는 세상의 총체적 해석 범주로 남을 뿐 아니라 또한 내면화되어서 사유하는 존재의 자기 이해의 도식으로 된다. 헤겔이 강조했듯이, 철학적 사고는 모든 감각적 표상에 대해 자유롭고, 순전히 개념적이고 이론적이라는 사실로써 신화나 시와 같은 다른 형태의 사고와는 구별이 되므로.

이와 같이 철학적 사고는 그 속에 감성적이기만 한 것을 초월하는 경험, 즉 죽을 운명의 존재의 삶 속에서 본질적으로 초감각적인 죽음 너머의 경험을 전제한다. 그래서 철학적 사유는 그 자체로 초-물질적(형이상학적) 구조를 갖는 것인데, 즉 사유자의 죽을 운명과 동시에 사유된 것의 불멸성을 함께 사유한다는 것이다. 엄밀하게 초월적 양상으로——그러한 형태의 사고가 필연적으로 그 자체의 한정된 출현 조건들의 초월을 전제한다는 의미에서——특징지을 수 있을 철학적 사유의 그 일반적 양상에 입각해서 '죽음의 형이상학' ——죽을 운명의 인간 조건을 인지하는 것이기는 하지만, 그것(인간 조건)이 유일하게 의미를 얻는 어떤 절대자의 불멸성에다 그것(인간 조건)을 관련시켜 놓는다——의 범주를 규정하는 것이 가능하다.

철학은 그럴 때 죽음이라는 그 '한계 상황'을 설립적이고 모호한 초월주의 속에서 극복하면서 수용하려는 시도로 보인다. 죽음에 관한 철학적 역사라[1] 할 것의 골자를 여기서 감히 검토하겠다는 것은 아니지만 적어도 형이상학에 관련된 몇 주요 인물들을 검토해 보는 것은 필요할 것 같다.

1. 플라톤의 불멸성

특정한 사고 방식으로서의 철학이 어떤 개별적 죽음이라는 사건, 《파이돈》에서 플라톤이 우리에게 이야기하는 소크라테스의 죽음과 생겨날 당시부터 아주 밀접하게 관련되어 있다는 사실은 흥미롭다. 철학적 창안은 죽음에 관해 이처럼 신화 혹은 신학이 제시하는 다른 하나의 담론의 창안과 그처럼 공교롭게 일치하는데, 그것은 죽음과 철학의 대응을 단번에 전제하게 되고, 그 대응은 죽음에 관한 플라톤의 모든 담론의 지평이 된다. 실

---

1) 이에 관해 J. 코론의 《죽음과 서양의 사고》를 볼 것, Payot, 1969.

제로 죽음과 철학은 둘 다 신체에서 영혼을 분리시키는 결과를 갖기에 둘 사이에 어떤 동일성이 있다. 그래서《파이돈》에서는, 사유함과 철학함이 신체의 부패성과의 결별과 개념의 초시간성을 향한 시간 밖으로의 탈출을 가정하므로 은유적 죽음이라는 개념을 만나게 된다.

죽은 것같이 있음(être mort), 바로 거기에 철학자들의 임무가 있는 것이고, 몽테뉴의 표현을 예고하는 그런 표현으로 플라톤이 분명히 말하듯 "똑바로 철학하는 사람은 죽는 연습을 하며, 그들보다 죽는 것을 덜 두려워하는 사람도 세상에는 없다."(《파이돈》, 67e) 일생 동안 그들의 신체에서 그들의 영혼을 분리하려고 애쓰는 것, 다시 말해 바로 죽는 연습을 하는 것이 그들에게는 중요하다.(81a) 이 죽음의 대비는 그 자체로 이미 불멸성에 이르는 것이다. 영혼의 보살핌이 철학이나 진정한 역사의 시작이라는 생각을 펼치는 글에서 얀 파토카가 강조하듯 "플라톤적 철학자는 죽음에서 뒷걸음치지 않고 그것을 정면으로 바라본다는 의미에서 죽음을 이겨낸다. 그의 철학은 죽음의 보살핌, meletê thanatou이고, 영혼의 보살핌은 죽음의 보살핌과 불가분의 관계이며, 그것이 삶의 진정한 보살핌으로 된다——(영원한) 삶은 죽음에 똑바로 던지는 그 시선에서, 죽음을 이겨냄에서 온다(그것은 어쩌면 그 '이겨냄'에 다름 아니다)."[2]

죽음에 대한 두려움은 감성에만 매달리는 이들에게 있는 완전한 파괴에 대한 '믿음(doxa)'에서 비롯되는 반면에, 신체를 등

---

2) J. 파토카,《반주류 에세이》, Verdier, 1981, p.115.

지면서 사유의 체험을 하는 이는 그 연습 자체에서 영혼의 불멸성과 비파괴성을 발견한다. 그래서 그는 진정한 삶에 태어날 수 있고, 그보다 더 정확히는 얀 파토카가 적절하게 제시하듯, 그것은 어쩌면 그가 지닌 휠덜린이[3] 오이디푸스에게서 알아보는 그 시선, 그 '하나 더 달린 눈'에서 영혼의 '보살핌'과 혼동되는 죽음에 대한 '관심,' 그것의 산물이자 작품인 영원한 삶 자체가 생겨난다.

모든 플라톤주의에서 사실은 어쩌면 시선의 해방이 문제인데, 그 해방은 그 **자체로** 이미 존재에 대한, 죽음과 시간을 벗어나는 것에 대한 사고이다. 하지만 그러한 시선은 doxα(믿음) 밖으로의 도망이라기보다는 그 속에 붙들린 존재의 고통스런 의식 갖기이다. 동굴의 우화가 우리에게 가르쳐 주는 것이 바로 그것이다. 그 땅 밑 세계의 벽에 그려지는, 그들이 현실이라고 착각하는 그림자들만 볼 수 있도록 사슬에 묶여 있는 이들은 그들의 실재 현실에 대한 어떠한 지각도 없다. 그들이 묶여진 상태에서 불가사의하게 벗어나 그들 뒤를 볼 수 있을 때, 그리고 어렵고 긴 오르기를 한 후 그들이 마침내 해를 볼 수 있는 트인 곳까지 도달할 수 있을 때, 그들은 자신의 예전의 감금 상태나 빛의 원천으로부터 그들을 계속 떼어 놓고 있는 무한한 거리에

---

3) 1806년과 1810년 사이 씌어진 '광기'에 관한 시 〈사랑스런 푸르름으로〉에서, "오이디푸스왕은 어쩌면 눈이 하나 더 있다"는 확언을 보게 되는데, 시의 마지막은 라이오스의 아들에 대한 다른 암시로 끝맺어지고, 쉽게 플라톤적 의미를 줄 수 있는 "삶은 죽음이요, 죽음 또한 삶이다"라는 문장이 뒤이어 온다.

대한 의식을 할 수 있다. 그들을 둘러싸고 있던 태초의 암흑에서 나옴으로써 그들은 그들의 감금 상태에서 해방되었음을 깨닫기보다 그 실상 속에서 감금 상태에 있음을 보게 된다.

왜냐하면 플라톤이 강조하듯[4] 철학자는 마지못해서라 하더라도 도시국가의 통치에 참여하기 위해 공동 주거의 암흑 속으로 도로 내려가야 하므로. 그런데 그 되돌아감은 어쩌면 인류애적 동기에 의해서보다는 사색가가 영원에 계속 머물거나 빛 속에 지속적으로 머무는 것이 불가능하여 필요하게 된 것이다. 사색가조차도 doxa(믿음)의 유동성에 줄곧 구속되어 있고, 다른 사람들과 마찬가지로 그들에게도 해를 똑바로 쳐다보는 것은 허락되지 않았다. 그러므로 사물들의 진정한 존재에 대한 담론 혹은 존재론은 외양에 감금된 상황에서 출발해서만 가능하다.[5] 사색가는 자신의 조건의 한계에 대한 의식 갖기를 통해 무한으로 열리게 되고, 또 그림자를 실재로 존재하는 것과 혼동하지 않고 그림자로 볼 수 있게 된다. 그래서 그는 횔덜린이 〈그리스〉라고 적절히 제목을 붙인 시에서 말하듯, 겨우 "바깥으로, 불멸성과 영웅들 쪽으로 시선을 던질" 수 있다. 하지만 그를 유한이나 인간의 죽을 운명 이상으로 끌어올려 주는 그 시선은 그것이 식별하게 해주는 것으로부터만 정의될 수 있는 것이 아니라, 시선이 태어나게 해주기도 하고 그것을 방해하기도 하는 또 그 가능성의 조건으로서 그 불가능성의 조건이기도 한 그것(시선)이 태어

---

4) Cf. 《국가》 VII장, 520c-d.

5) E. 핑크가 《공간-시간-운동의 존재론적 초기 역사에 대하여》(Nijhoff, La Haye, 1957, p.78 이하)에서 동굴의 우화에 관해서 한 해석이다.

나는 곳, 그 암흑으로부터도 정의될 수 있다. 이 'double bind' 즉 인간 사고의 이중 제약은 곧 유한성의 극복이면서 **동시에** 그 속에 붙들림이고, 여러 가지 방식으로 철학 역사의 전반에서 이야기되며,——과학적 실증성이나 시적 세계관에 속하지 않는, 단지 유한과 무한, 죽을 운명과 불멸을 대립시키고 떼어 놓는 긴장을 표현하며, 그러한 것으로서 그것을 표현하는 사람의 실존적 증언과 따로 생각할 수 없는 것으로 남아 있는——철학적 언표에 자기 고유의 스타일을 주는 것이기도 하다.

그것이 어쩌면《파이돈》에서 영혼의 불멸성에 대한 진짜 증거를 볼 수 없는 이유를 설명해 주는 것이리라. 탄생 이전의 영혼의 존재에서 죽은 후의 영혼의 실체라는 결론에 도달하기에는 충분치 못한 상기설(想起說)이건(77a), 영혼의 본성과 영혼이 파악할 수 있는 것 즉 영원한 이데아들(79b-84a) 사이에 가정되는 유비(類比)이건, 그 자체들로 설득력 있는 증거들은 아니다. 결국 철학자가 확률 **계산**을 결심하여, 영혼의 불멸성을 택하게 되면 확실히 이기게 마련인데 그가 옳다면 그는 그것에 대해 만족할 것이고, 틀렸을지라도 인생타령을 많이 하지 않을 터이니 하여간 만족할 것이기 때문이다(91b). 불멸성에 대한 믿음은 그러므로 감수해 볼 만한 믿음이고 그래서 대화를 끝맺는(114d), 죽은 후의 영혼들의 운명에 대해 이야기하는 종말론적 신화는 죽음의 두려움을 몰아내기 위한 주문의 역할을 하게 된다.

《파이돈》이 영혼의 불멸성을 단호하게 잘라서 긍정하진 않지만, 그래도 그것에 기대를 걸고, 모든 철학적 전략이 거기서 죽음에 대한 '공통의' 두려움을 삶의 두려움으로 바꿔 놓는 것임에는 변함없다──철학자가 진정으로 두려워하는 것은 죽는 것이 아니라 신체나 감성에 지나치게 집착하면서 살아가는 것이기 때문에. 그러므로 그에게 정말 위험한 것은 죽음에 지나친 힘을 부여하는 것이고, 만약 철학한다는 것이 살아 있는 죽은 자로 존재하는 것이라면 철학적 삶은 결과적으로 죽음에 대한 승리라는 분명한 의미를 갖게 되며, 그래서 죽음에서 그 전적인 부정성이 떨어져 나가게 된다.

2. 죽음의 헤겔식 '대체 계승'

서양 역사의 다른 한 끝, 헤겔의 작품 세계에서 죽음과 도덕성에 관한 그의 설득력 있는 담론은 죽음을 극복하고 어떤 의미로 그것을 '길들이려고'[6] 하는 유사한 전략을 보인다. 왜냐하면 《정신현상학》에서 아마도 가장 유명하다 할 주인과 노예의 변증법을 다룬 페이지들에 표현되어 있듯이, 만약 그 인간성 자체의 접근이 그 '절대적 주인'인 죽음의 직면을 통해서만 가능하다면, 그것은 바로 단순한 동물적 삶을 넘어서는, 자유로운 존재로서의 자기 의식에 도달하기 위해 자기 삶의 모두를 거는 인간의 능력을 전제로 하기 때문이다. 그래서 여기서 단순한 생물 이상인 것의 출현이라는 조건 자체이기도 한, 인간은 삶을 넘어

---

6) 심한 사고로 죽음을 가까이 접하게 되었을 때 "죽음에 익숙해지기 위해서는 […] 그것과 이웃하는 수밖에 없다"고 이해한 몽테뉴의 말이다.(《수상록》, II권 VI장).

선다는 동일한 초-물질적(형이상학) 혹은 초월적 도식을 재발견
하게 된다.

그런데 헤겔은 《정신현상학》 서론에서 분명히 말하기를 "자
연적 삶에 한정된 것은 그 자체가 그의 즉각적 존재 이상으로
가는 능력을 갖고 있지는 않다. 하지만 다른 것에 의해 그는 그
존재 이상으로 밀려가는데, 그 자기 위치에서 떼내어진 존재가
그의 죽음이다."[7] 단순한 생물에게는 자연이 그에게 내린 한계
를 자체적으로 능가할 능력이 없다――그러한 이유로 플라톤
의 동굴에서처럼, 자신의 부동 상태의 탈피는 외부로부터 주어
질 수밖에 없고 타자를 통해 그에게 가해질 수밖에 없다. 그러
므로 자기 의식에 도달하기는, 그 매체가 되는 단지 생물일 뿐
인 존재에게는 죽음의 의미를 갖는 것인데, 그러나 그 죽음이
그의 관점에서 외부로부터 그에게 오는 것이라면, 자기 의식의
관점에서 그 죽음은 바로 그것의 자체 생성의 행위이다. "그 계
속적 죽음에서 의식은 자신의 죽음을 희생으로 바친다――그
희생으로 그 자신의 소생을 획득하기 위해"[8]라는 그 글에 대한
주석에서 하이데거가 강조하듯이. 죽음과 소생, 그것이 헤겔주
의의 '프로그램'이며, 그것은 기독교를 철학적 진실로 높여 주
는데, 왜냐하면 이데아의 '송장'[9]일 뿐인 자연에서 죽어 개념의

---

7) 《정신현상학》, 인용 책, I권, p.71.
8) 〈헤겔과 그의 경험 개념〉, in 《어디에도 이르지 않는 길들》, Gallimard,
1980, p.196.(번역 수정)
9) 《철학 강요》의 〈자연철학〉에서 헤겔은 자연의 목적은 개념이 영혼으로
다시 태어나게 하기 위해 자신을 죽이는 것이라고까지 말한다.

순수 삶에서 영혼으로 다시 태어나는 것이 의식에게는 관건이기 때문이다.

그러니까 헤겔에서도 또한 인간에게는 살아 있는-죽은 자가 되는 것이 관건이고, 그 죽음 능력이 그의 자유의 토대이기도 하다——그 자유가 자연적으로 주어진 것을 거부할 능력에 있는 한. 그것이 바로 자유가 본질적으로 절대적 공포(죽음)에 연결되어 있음을 설명하는 것인데, 왜냐하면 '우주적 자유의 유일한 작품이자 작업이 **죽음**' [10]이기 때문이다. 만약 인간의 질서가 자유의 부정성에 의해서만 생긴다면, 코제프가 그런 것처럼 "인간은 단지 죽을 운명일 뿐만은 아니다; 그는 구체화된 **죽음**이고, 그는 그 자신의 죽음**이다**"라고 그래서 단언할 수 있는데, 그것은 인간의 존재가 '지연된 **자살**처럼 나타남' [11]을 의미한다. 그러므로 엄밀히 인간적 실존이란 계속적으로 수용된 의지적 죽음이다——여기서 헤겔은 노발리스와 만나게 되는데, "진정한 철학적 행위는 자살이다. 거기에 바로 모든 철학의 실제 시작이 있고, 미래의 철학자들의 모든 욕구가 바로 그것으로 향하고, 그 행위만이 초월적 행동의 조건과 특성에 적합하다" [12]라는 1795년과 1797년 사이 씌어진 노발리스의 글귀는 그가 아마도 가장 예리하게 이상주의와 죽음과의 관계를 통찰했음을 증명해 준다.

왜냐하면 자기 존재의 총체에 대해 불안을 느끼는 것은 (전체

---

10) 《정신현상학》, 인용 책, II권, p.136.

11) A. 코제프, 《헤겔 읽기 입문》, Gallimard, 1947, p.569-570.

12) 노발리스, 《단상들》, Aubier Montaigne, 1973, p.44.(번역 수정)

적 파괴에 대한 불안) 그것 자체가 이미 자의식의 자유에 도달함이기에──내밀한 분해, 죽음에 대한 두려움이 만들어 내는 '모든 실체의 절대적 유체화(fluidification)'는 그것 자체가 '순수한 대자(對自),' 자의식이라는 그 '절대적 부정성'이다.[13] 여기서 헤겔이 당연히 발견하는 것은, 죽음에 대한 불안이 개인화의 진짜 원리라는 것이다. 하지만, 그와 동시에 그에게는 모든 형이상학의 활동에 따라 그 삶과의 근본적 단절을 통합하는 것이 관건이다──왜냐하면 주인과 노예라는 반명제적인 불가분의 두 가지 상이 보여 주듯, 삶의 부정(다스림)은 그것의 조건으로 생의 긍정성 자체(항상 삶이라는 것에의 예속이라는 의미의 예속)를 가정하므로.

사실 서로가 서로의 죽음을 겨냥하는 의식간의 충돌에서, 각각의 의식에게는 자신의 자유 즉 자연적 삶에 대한 자신의 무관심을 보여 주어 자의식과 즉각적 존재 즉 소여(所與)의 단순한 현존의 차이를 밝히는 것이 관건이다. 하지만 주인이나 노예가 경험하는 것은 죽음이 아무것도 '밝힐 수' 없다는 것인데, 왜냐하면 그것은 모든 일반적 소여의 부정으로서 자의식 자체를 소멸시키기 때문이다. 죽음은 그 자체로 나타날 능력이 없고, 어떠한 진실도 나타나게 할 수 없는 자연적 부정일 뿐이므로. 그래서 여기서는 비극에서처럼 "자신의 자유를 잃으면서까지 그 자유를 증언하고, 자신의 자유 의지를 주창하면서 죽어가기 위해"[14] 운명에 맞서는 주인공의 사투(死鬪)로는 만족이 안 되는 것

---

13) 《정신현상학》, 인용 책, I권, p.164.

이다. 그러한 투쟁은 죽음의 순간이라는 그 찰나에 비극의 표현인 그 예술적 볼거리를 통해 자유와 필요의 화해를 보여 줄 수 있을 뿐이다. 자유가 그것의 확인 속에서 순간적으로 사라지지 않기 위해선, 투쟁이 인간과 자연 전체를 대립시키는 게 아니라 두 개인을 서로 대립시켜야 한다. 헤겔이 말하듯 자유 의식으로서의 자기 소개는 이중 작업, 즉 상대의 작업이면서 동시에 자신에 의한 작업, 상대가 원하는 각자의 죽음이지만 또한 자기 자신의 목숨걸기이며 각자가 당하는 죽음이어야 한다. 그래서 자기 작업에서 살아남으려면 자연의 추상적 부정이 아니라 소멸된 것을 간직하고 기억하는 그런 부정인 자유에 대한 **상호적** 확인이 필요한데, 그것은 자연적 삶이 자의식만큼이나 본질적이라는 것을 인정해 받아들이는 다른 의식을 매개로 해서만 자의식이 그 자체와 관계 맺어지게 될 수 있다는 것을 전제한다. 노예는 주인과는 반대로 자신의 작품 속에서 자신을 다시 만날 수 있으므로, 그 의식은 죽음의 두려움을 경험하면서 자의식의 절대적인 부정성에 도달한, 노동으로 자신의 대자(對自)에 즉자의 항구성을 줄 수 있을 노예의 의식이다. 그러므로 노동에 의해 자연의 객관적 존재가 문화적 대상으로 변형됨으로써 자유와 필요성의 화해가 있게 되는 것이다.

　살고 있음, 그것이 자의식이 밝혀지기 위해 필요한 것이다. 그러나 그 자의식은 타자, 즉 주인의 진실 속에서만 그렇게 될 수

---

14) 셸링, 《독단주의와 비평주의에 관한 편지》 in 《초기 글 모음》, PUF, 1987, p.209.

있는 것이다――다시 말하면 순수 부정성이 있는데, 그것을 주인에게 제공하는 것은 노예의 '억제된' 의식이다. 죽음 앞에서 뒷걸음친 노예는 사실 즉각 자의식으로 인정되고픈 욕망을 억제해야 했고, 자연의 추상적 부정의 순간을 늦출 수밖에 없었다. 억제된 욕망, 늦춰진 종말로서의 노동은 객관적 존재에 형태를 부여하는 것으로, 부정을 항구적인 어떤 것――그것은 다름 아닌 그 속에서 대자가 객관화되는 문화적 대상이다――으로 만든다. 완전 목숨 걸기 앞에서, 죽음이라는 그 추상적 부정성 앞에서 물러설 공간인 노동은 자의식이 그에 복종함으로써만 그로부터 자유로워짐을 보여 주는 삶의 체계일 뿐이다. 바타유가 강조하듯, 거기서 비극은 희극으로 변하고 웃음이 생기게 된다――죽음에 의미를 부여하여 인간의 삶이라는 그 변제 불능의 낭비를 완화하려는 시도는 사실 우습다. 사실 그에게는 불안의 반대이기는커녕 거기서 탈출하는 한 방법인 노동의 진지함과는 반대로, 거기에 머무는 유일한 방식인 죽음의 긍정과 연결된 재치가 있다.[15]

혜겔은 그렇게 삶에 대한, 단지 '정신적인' 부정, 삶을 부정하면서 그것을 보존하는 Aufhebung,[16] '대체 계승'이라는 개념에 도달했다――그것은 그가 《정신현상학》의 서문에서 강조하

---

15) J. 데리다가 〈국부 경제에서 일반 경제로, 기탄없는 헤겔주의〉에서 했던 설명을 참고할 것, in 《글쓰기와 차이》, Seuil, 1967, p.376 이하.

16) 파기·보존이라는 모순적 의미를 담고 있어 번역이 쉽지 않고 논란도 많은 용어인데, 프랑스어로 la relève, 영어로는 sublation으로 주로 번역된다. 〔역주〕

듯 우연적인 것에, 타자와의 관계 속에서만 있는 것에,――하지만 사유하는 존재와의 관계에서만 존재하는――즉 사고의 내용 자체에, 이데아에 '고유 실존과 별도의 자유를 줄' 수 있게 하는 '사고의, 순수 자아의 에너지'이다. 그 구별은 오성의 작업에서 비롯되며 오성의 절대적 힘을 나타내는데, 죽음의 힘의 오성과도 같은――왜냐하면 그 힘 속에서는 현실의 실질성 자체가 죽음에 처해지게 되므로――사고와 언어를 통해서만 생긴다. 그러므로 인간은 사유하며 말하는 존재로서 '죽은 것을 지탱하게' 되는 것이다. 엄밀한 의미의 인간적 삶은 그러므로 죽음의 비실질성에 대립하기보다는 그것과 '내적으로' 타협해야 한다――그것은 "죽음 앞에서 공포에 사로잡혀 뒷걸음질치고 파괴로부터 온전히 보존되는 삶이 아니라, 죽음을 참아내고 정신의 삶인 그것(죽음) 안에서 지탱되는 삶이다. 정신은 절대적 아픔 속에 있을 때에만 자신의 진실을 획득한다."[17] 죽음을 피하지 않고 마주 보는 것, 그 부정성 속에 머무는 것이 관건인데, 그것은 정신의 '마술'로서 부정적인 것이 존재로 변화될 때에만 가능하다. 그러면 죽음은 실현해야 할, '형성' 작업을 통해 세상에 생겨나게 해야 할 것으로 나타난다――여기서 담론의 변증법적 마술은 모든 문화에서 작용하고 있는 그것을 되풀이하는데, 문화는 다름 아닌 자연을 없애면서 죽음이 '존재하게' 하는 능력이기 때문이다.

17) 《정신현상학》, 인용 책, I권, p.29.

3. 변화의 형이상학

죽음과 삶의 대립은 그래서 그 은유를 통해 유한자들의 고정성과 대조되는 절대적인 것의 유동성을 묘사하는 헤겔적 담론의 작동 모델로 쓰인다. 역사에 나타남으로써만 절대적인 것이 생길 수 있다는 점, 무한한 것이 드러나기 위해서는 유한성과 죽음의 시련을 거칠 필요가 있다는 점, 그것이 헤겔이 우리에게 가르쳐 주는 바이다. 하지만 부정적인 것을 긍정적인 것으로, 무를 존재로 바꿀 수 있는 사고 속에 죽음이라는 그 '비실재성'을 위한 자리가 정말 있느냐는 질문을 던질 수 있다. 이 점에 관련해 볼 때《철학 백과 사전》이 아리스토텔레스가 말하는 행동 중인 지능은 삶이고, 신, 그 영원히 살아 있는 자는 그 행위 자체이다라는《형이상학》의 한 구절을 인용하며 끝을 맺는 것은 우연이 아니다.[18] 아리스토텔레스는 그와 같이 인간의 사유 속에서 신성의 존재를 알아보는 것이다. 그런데 신의 삶에서는 인간의 삶의 몫인 모든 불완전한 점들이 면제된다——유다른 그 삶은 늙음이나 죽음을 모른다. 그러니까 인간들이 그 유다른 삶에 참여한다는 것인데 그들이 사유할 때처럼 그들 활동의 목적이 그 활동 자체에 있을 때, 단지 짧은 순간 동안이다. 왜냐하면 관조 즉 theoria는 그 자체 외의 어떠한 외부적 목적도 추구하지 않는 것이고 완전한 기쁨을 주는 것인데, 만약 그것이 일생이란

---

18)《형이상학》, Lambda권, VII장, 1072b 15 이하.

전 기간 동안 연장된다면 완전한 행복 즉 eudaimonia가 될 것이기에. 관조 상태에서 인간은 더 이상 인간의 삶을 사는 것이 아니라 진정으로 신성한 삶에 참여하게 된다. 그러므로 아리스토텔레스에 의하면 우리가 죽을 운명이라는 이유로 인간적인 것들만 생각하면서 불멸의 것들을 포기해서는 안 되는 것이며, 오히려 반대로 가능한 한 우리를 불멸로 만들어야 하는 것이다.[19] 하지만 그 athanatizein, 즉 죽음을 피하는 그 능력은 thnetoi, 즉 죽을 운명의 사람들이 일시적으로 신들과 유사하게 되어 짧은 시간 동안 항상 신들이 그렇듯 되는 가능성일 뿐이다. 아리스토텔레스에게도 철학한다는 것은 신적인 관점으로 올라가는 것이긴 하지만 그 차원에 지속적으로 머물지는 못한다.

그럼에도 아리스토텔레스는 플라톤적 이상주의나 그의 감성과 관념 세계의 구분에 맞선 사람으로, 자연학을 탐구하면서——이 분야가 플라톤주의에서는 완전히 인지 불가능한 것으로 머문 데 비해——변화를 이해하려고 한 사람으로 흔히 간주된다. 이 점에 있어서 존재는 아리스토텔레스에게 정확히 말해 감성 '이상'이 아니므로 아리스토텔레스의 《자연학》이 하이데거가 주장하듯[20] 서양 철학의 기본 저서라는 점에는 의심의 여지가 없는데, 왜냐하면 그 책은 차후에 형이상학이라고 불리게 될 것 이전의 것이지만 그 속에 유동성과 변화에 대한 엄밀한 의미의 **존재론적** 설명을 담고 있기 때문이다. 아리스토텔레스가 플

---

19) 《니코마코스 윤리학》, X권, VII장.
20) Cf. 《질문 II》, Gallimard, 1968, p.183.

라톤의 분리된 형상의 견해는 비판하지만, 그렇다고 해서 그 형상 개념 자체를 포기하지는 않는다──그것이 (그 개념) 더 이상 우연적 술부들 또한 포함하는 감각적 존재를 정의하는 유일한 것이 아니긴 하지만. 그 점이 《자연학》에서 제시된 운동 이론을 책의 7,8장에서 환기시키는 《형이상학》 Z권에서처럼, 존재와 실체(ousia)의 문제를 정면으로 접근하는 바로 그 순간, 변화에 대한 분석을 해야 한다는 필요성을 설명해 준다. 생성(genesis)은 사실 감각적 존재들의──그들에게서 형상은 우연적 질료를 완전히 드러낼 수 없다──구성의 토대이다. 이러한 이유에서 아리스토텔레스는 변화 과정의 존재들에 관해 말하면서 그것들의 우연적 성질을 강조하는 것이다──자연에 의해서든 예술에 의해서든 "잉태된 모든 것들은 어떤 질료를 갖는데, 왜냐하면 그들 각각은 존재할 수도 있고 존재하지 않을 수도 있는 것이고, 그 (존재) 가능성, 그것은 바로 그들 속에 있는 질료이기 때문이다."[21]

하지만 변화를 이해하는 데 질료와 형상의 구별은 충분치가 않다. 일반적으로 변화를 특징짓는 것은 변화하는 모든 것이 무엇인가로부터 변화한다는 점이다.[22] physis에──현대적 의미의 '자연'과 대등한 것이 전혀 아니라 우주 전체 즉 원소들, 식물들, 동물들, 인간들과 그들의 모든 작품까지 포함한다──대한 아리스토텔레스의 질문의 기본 가정은, 자연의 모든 존재들은

---

21) 《형이상학》, Z권, VII장, 1032a 19(Tricot 번역, Vrin, 1970).
22) 같은 책, Z권, VII장, 1032b 30.

전체적으로 혹은 부분적으로 운동(kinêsis)에 참여한다는 것이다.[23] 아리스토텔레스 이전의 사람들 중에, 엘레아학파의 철학자들처럼 운동의 존재를 부인한 이들조차도 추위나 더위같이 반대되는 것들에서 자연의 원리를 인정한다——"만약 그것이 사실이라면, 잉태된 모든 것들의 생성과 파괴된 모든 것의 파괴는 출발점과 결말을 반대되는 것들에서 갖는다고 말해야겠다."[24] 하지만 변화가 하나의 대립되는 것에서 다른 하나의 대립되는 것으로 이동하는 데 있다면, 《자연학》의 I권의 그 구절에서 아리스토텔레스가 변화의 원리를 규정지으며 확언하듯이 '대립되는 것들이 있는 주체'[25]가 필요하다. 왜냐하면 무언가가 변화할(술부 혹은 형상) 동안 무언가(물질 혹은 주체)가 있어야 하기에.

아리스토텔레스가 취하는 예, 문인이 되는 사람[26]이 있다 하자——사람은 문맹자–문인이라는 대립의 주체 구실을 한다. 그런데 변화되는 것은 존재했던 것이기도 하고, 존재했던 것이 더 이상 존재하지 않게 될 때에도(문인으로 되는 문맹자) 여전히 남아 존재하는 것이기도(문인으로 되는 사람) 하다. 그러므로 이 중성뿐만 아니라 변화의 원리의 삼중성까지를 인정해야 한다——왜냐하면 변화에서 생기는 것을 형상이라고, 즉 여기서 문인 술부라 명명한다면, 그것을 변화의 질료로서의 주체(여기서 사람) 혹은 그 형상의 부재로서의 주체(여기서 문맹자)에 대립시

---

23) 《자연학》, I권, II장, 185a 12.
24) 같은 책, I권, V장, 188b 21.(H. 카르테론 번역, Budé, 1961)
25) 같은 책, I권, VII장, 191a 4.
26) 같은 책, I권, VII장, 190b 이하.

킬 수 있는데, 이 비형상이 아리스토텔레스가 말하는 sterêsis, 결여이다. 변화의 이 분화된 구조가 일시적 의미를 지닌다는 것은 보여 주기 쉽다——존재하게 될 것으로서의 형상은 미래를 지칭하고, 확정된 부재로서 단지 회고적으로 발견일 뿐인 결여는 과거를 향해 손짓하므로 질료는 남아서 계속 현존하는 주체이다. 이렇게 감각적 존재의 분열은 여러 방향으로 나타나는데, 아리스토텔레스 자신이 운동에 대해서 말하길, 그것은 존재하는 것을[27] 자체로부터 나오게 하고, 변화에 대해서는 속성상 황홀한(extatique)[28] 것이라 했으니[29] 그것을 그만큼의 일시적 황홀(extase)로 간주할 수 있겠다.

자연의 존재들은 그러니까 운동을 하고, 운동은 대립되는 것들에서 비롯되는 바뀜으로 정의된다. 한편 아리스토텔레스는 '운동'과 '바뀜,' kinêsis와 metabolê를 분명히 잘라 구별한다. 한 사물이 반대의 속성을 받으면(반대되는 것들은 동일한 분야에서 가장 다른 속성——예를 들어 문인과 문맹자) 다르게 된다——여기서 변이(alloiôsis)는 바로 아리스토텔레스가 kinêsis, 운동이라고 이름하는 것의 계열로 보이는데, 운동은 그러나 질적 관점의 운동인 변이 외에도 양적 관점의 운동인 증가와 감소(auxêsis와 phtisis) 그리고 장소에 관련된 운동인 이전(phora)을 포

---

27) 같은 책, IV권, XII장, 221b 3.
28) extase: 그리스어 ekstasis(ek-stasis)는 자리를 옮김, 자기 밖으로 나옴을 뜻하는데, 거기서 망아(忘我), 무아경, 황홀 상태를 뜻하는 명사 extase가 왔고 그 형용사가 extatique이다. 〔역주〕
29) 같은 책, IV권, XIII장, 222b 16.

함한다. 하지만 만약 한 사물이 모순적 속성을 받으면(모순은 대립된 분야를 지칭, 예를 들면 인간과 비인간) 그것은 다른 것이 되어 파괴되고, 그것 대신 다른 것이 생겨난다──그래서 아리스토텔레스가 metabolê라고 이름하는 것이 되는데, 이 용어는 '전환' '전복'이라는 강한 의미의 바뀜이 된다.

metabolê는 그가 변화의 가장 넓은 개념을 표현한다고 간주하는 것으로, 그것은 만약 모든 운동이 바뀜이라면 반대로 모든 바뀜이 운동은 아니라는 점을 내포한다. 왜냐하면 운동(kinêsis)이 어느 주체에(hypokeimenon) 생기고, 양·질·장소에 따른 바뀜에 부합하는 한정된 생성(genesis tis)인 반면 metabolê는 가장 단순한 의미의 생성(genesis aplôs), 실체에 의한 바뀜과 관련되는 즉 비존재에서 존재로의 순수 이동, genesis 자체, 그리고 그와 반대되는 존재에서 비존재로의 순수 이동, 파괴 혹은 phthora에 해당하기 때문이다.

모든 서양 형이상학의 기준이 되는 이 변화의 형이상학에서 아리스토텔레스가 사람들이 흔히 변화(이것은 genesis와 같은 어원에 속하는 그리스어 동사 gignomai로 말해진다)를 상상하는 형상에 해당하는 비존재에서 존재로의 이동, genesis의 신비뿐만이 아니라 존재에서 죽음이라는 그 비존재로의 이동에 해당하는 그 파괴, phthora의 더욱더 신비로운 신비까지 마주해 보려한 점은 주목할 만하다. 순수한 생성과 파괴는 양적·질적 혹은 장소상의 관점에서 어떤 것이 이전과는 다른 것으로 '변화하는' 그런 운동이 아니기 때문에, 그 속에는 유동성을 생각할 수 있게 해주는 '주체' 자체의 어떠한 항구성도 없다. 여기서 아리스토텔레스의 모든 노력은 가장 좁은 의미의 유동성, 운동적 유동성이라고 이름할 수 있을 유동성의 개념을 우리에게 제공하려는 데 있는데, 반면 넓은 의미의 유동성, 엄밀한 의미의 '변화적(métabolique)' 유동성은 그것의 급작스럽고 예측 불가능하고 전적으로 이해 불가능한 점에 있다.

그러므로 진정한 '변화의 형이상학'인 이 아리스토텔레스의 자연학(물리학)에서는 파괴와 죽음의 신비에 관한 답을 찾을 수 없다. 왜냐하면 거기에는 파괴가 생성의——생성은 처음부터 **무언가로부터**의 변화로 정의되었다——대립으로 사고되므로. 그래서 생성과 파괴가 구조적으로 alloiôsis, 질적 변이——비록 아리스토텔레스가 그 둘을 이것과 분명히 구별함에도 불구하고 ——, 즉 단지 **상대적** 바뀜으로 이해되고 있다. 그러한 시각에서는 바뀜의 기원이나 마지막의 비존재는 단지 일시적으로만, 아직 존재하지 않는 것의 미래 혹은 이제 더 이상 존재하지 않는 것의 과거로서 이해될 수 있으며, 또한 그것은 현존재, 고려의 출발점이 되는 **여건**에 전적으로 의존한다. 그러한 방식으로 존재의 절대적 타자인 비존재에 어떤 얼굴, eidos 즉 형상·본질·개념이 주어진다. 그래서 아무튼 우리는 그것의 가능한 '본질'이나 그에 대한 사고가 없는 그 순수 비존재를 죽음 속에서 대면하고 있는 것이다.

바로 그 점에 입각하여 파괴와 죽음의 '문제'가 왜 생성과 출생의 문제보다 존재론적 관점에서 더 큰 중요성을 띠는지를 눈치챌 수 있다. 왜 아무것도 없기보다 무엇인가 있는 것인지 결코 이해 못한 채이긴 하지만, 우리가 어느 정도 실존과 여건을 달게 받아들이는 것은 가능하다 할지라도, 반대로 우리가 우리 존재의 절대적 파괴, 무조건의 소멸이라는 생각을 받아들인다는 것은 불가능해 보인다. 사물의 기원 문제는 우리 오성에 불안의 원천이 되지만 사물의 종말 문제는 우리 전 존재의 고통이 된다. 그래서 존재에서 비본재로의 이동은——만약 사고 불가능한 것에 정도의 차이가 있다면——비존재에서 존재로의 이동보다 우리에게 더더욱 생각하기 어려운 것으로 보이는 것이다. 우리는 놀라워하며 진기함[30]을, 무(無)보다는 존재자가 있음을 발견하지만, 우리에게 우리 죽음의 확실성, 즉 알 수도 이해할 수도 없는 것, 시간의 바깥 세상의 바깥에 있는 것, 결코 현상으로 되지 않는 것이나 어쩌면 우리가 주검을 보며 그리하듯 형용할 수 없이 끔찍해하며 접하는 것에 대한 그 앎은 우리에게 공포를 일깨운다. 왜냐하면 그것은 이성 자체가 그 앞에서 뒷걸음치는 기이하고 불안한 증거, 즉 자기의 사라짐의 가능성이기에. 존재에서 비존재로, 그리고 비존재에서 존재로의 이동을 **사유 가능하게** 하려는 노력을 하며 아리스토텔레스가 면하고 싶어하는 것은 생각 자체의 죽음이라는 그 끔찍스런 가능성이다. 죽음을 사유할 수 있게 되는 것, 그것은 그 기회에 사유를 지켜내어 변화 과정 속에 있지만 적어도 짧은 순간 동안이나마 그것(사유)이 그에 속한다고 아리스토텔레스가 주장한 그 신성한 영원에 그것(사유)을 바치는 것일 게다.[31]

---

30) M. 하이데거, 《형이상학이란 무엇인가》의 후기 in 《질문 I》, Gallimard, 1968, p.78.

해체를 견뎌내는 것, 죽음을 극복하는 것, 실은 그러한 것이 변화를 통한 주체의 존속을 확인하고, 그래서 삶과 변화 자체에서 그것들의 극복의 조건들을 발견하는 '변화의 형이상학'의 철학, 그 철학의 '프로그램'이다. 이러한 이유에서 아리스토텔레스에게 있어 형이상학은 자연학의 '뒤에' 오면서 그것의 결과를 이어간다. 아리스토텔레스의 형이상학은 그러므로 이렇게 '세속적 단계'를 포함하지만 사실은 오로지 진정한 실체, 즉 관념적인 실체, 우연과 죽음을 벗어난 것의 표시를 발견하기 위해 세상을 거쳐 간다.[32] 이런 관점에서 헤겔이 말하듯 절대적인 것은 실체일 뿐 아니라 주체이기도 하다라고 하는 것은[33] 헤겔의 현상학으로 하여금 서양 형이상학이라는 그 실체의 존재론 혹은 ousiologie를 전혀 벗어나게 해주지 않는다. 왜냐하면 만약 절대적인 것이 더 이상 사고된 존재 즉 실체일 뿐 아니라 사고하는 존재 즉 주체이기도 하다면, 그래서 그것이 그 자체를 생각할 수 있다면, 그것은 사고의 부정성이 존재의 긍정성에 더욱더 확정적으로 통합되어짐을, 그래서 그렇게 절대 자체의 높이에 올려진 죽음은 그것(절대)의 부활의 서곡일 뿐이라는 점을

---

31) 아리스토텔레스의 사상에 관한 이 모든 해석은 E. 핑크가 1964년 여름학기에 Fribourg-en-Brisgau 대학의 강의에서 했던 훌륭한 명상에서 많은 것을 얻어왔다. 명상에 관한 글은 1969년 Kohlhammer사에서 《형이상학과 죽음》이라는 제목으로 출판되었다. 이 소고에서는 거기에서 이야기된 것의 중요성을 이해했다기보다는 예감하면서 내가 들었던 수업에 대한 기억에 충실해 보려고 노력했다.

32) Cf. P. 리쾨르, 《플라톤과 아리스토텔레스》, 1953-1954 강의, CUDES, p.112.

33) 《정신현상학》, 인용 책, I권, p.17.

전제하기 때문이다.

아리스토텔레스에서 헤겔에 이르기까지 죽음이라는 그 절대적인 부정성, 그 근본적 휴지(休止), 그 무조건의 사유 불가능한 것은 '상대적 비존재'와 '한정된 부정성'으로, '이어받을 수 있는' 휴지와 사유 가능한 것의 단순한 한계로 변환되어 버리는데──그것은 결국 형이상학이 진정으로 죽음을 대면할 수 없음을 증명한다. 형이상학에서 정확하게 사유될 수 없는 것이 다른 형태의 담론에서는 그렇게 **나타날** 수 있을까?

III

죽을 운명의 존재에 관한 현상학

이렇게 죽음에 관한 어떠한 경험이나 사유가 불가능하다 하더라도, 죽음 '이라는' 그 '무'가 개념적 담론에 오로지 침묵을 요구할 수밖에 없다 하더라도, 죽음이란 것이 훌륭한 비현상, 나에게 '직접' 나타나지 않는 것이라 하더라도, 그렇다고 하더라도 신화나 여러 철학이 보여 주듯 자신을 안다는 것과 자신이 죽을 운명임을 느끼는 것은 여전히 인간이 스스로에 대해 하는 경험의 토대로 남는다. 그러므로 각자가 확실하게 지니는 그 없앨 수 없는 '감정적' 차원으로 인해 다른 어떤 앎과도 닮지 않은 자기 종말에 관한 그 기이한 앎은, 죽음이라는 것에 관한 것이 아니라 생각하는 존재가 자신의 죽을 운명에 관련해 갖는 관계에 관한 담론을 가능케 한다. 그래서 그 담론은 자기 실존의 유한성이 **자신에게 나타남**에 관한 담론이기에, 정말 '현상학적'이다.

죽을 운명에 관한 이 '현상학적' 담론은 형이상학적 담론이나 인류의 긴 역사에서 이어져 오는 죽음에 관한 다른 여러 종류의 담론들과는 반대로, 죽음의 어떠한 '초월'이나 '극복'도

장려하지 않고 그것을 제압할 만한 어떠한 초월성도 제시하지 않는다——그것이 우주적 삶의 순전히 '생물학적' 죽음이든, 죽은 자들의 세계의 '신화적' 죽음이든, 신성한 영원의 '신학적' 죽음이든, 진실의 초시간성의 '형이상학적' 죽음이든, 아니면 또 ('상대주의적인' 우리 시대에 아마도 가장 많이 내세우는 것인) 역사 '재판소'의 순전히 '인류학적' 죽음이든. 그렇다고 해서 현상학이 신화학·신학·형이상학·인류학·생물학보다 그에 대해 더 많이 안다는 것을 뜻하는 것은 아니고, 단지 보여지는 것의 **본질** 문제를 제기하기 때문에 진행중의 모든 평가들을——후설이 현상학적 환원을 세상의 거기 있음에 대한 믿음의 자연스런 태도의 토대가 되는 'doxa적 행위들'로 소개하면서 재사용하는 어휘인데, 플라톤이 doxa 즉 '견해' '믿음'이라고 이름했던 것이다——'괄호 속에 넣어야' 하는 것이다.[1] 이렇게 철학적 태도의 고유한 부분을 되풀이하는 현상학은 인간 문화의 그 다양한 분야들에서 오는 모든 전제를 **삼가면서** 오로지 인간이 자신의 죽음과 갖는 관계 방식을 **묘사**하려고 한다. 하지만 죽음은 훌륭한 비현상이므로 죽음에 대해 가능한 현상학은 없다고, 또 그것은 절대적 비존재이므로 그 본질을 탐구한다는 것은 헛되다고 반박할 수는 없을까? 죽음은 사실 세상에 '직접' 자기를 '보이지' 않으며, 어떤 시선도 거기서 그의 eidos 즉 그의 형상 혹은 그의 얼굴을 결코 구별할 수 없을 것이다. 따라서 죽음은 결코 후설의 현상학에서 우리에게 돌아가라고 명령하는

---

1) Cf. 《현상학의 중심 사상》, Gallimard, 1950, §30과 이하.

'사물 자체'일 수 없다는 것은 확실한 것 같다.

하지만 단지 고려하는 것이 관건일 소여(所與)의 묘사를 현상학에서 볼 것이 아니라 반대로 하이데거를 따라 "바로 현상들이 우선 대부분 주어지지 않았기 때문에 현상학이 필요하다"[2]고 인정해야 할 것인데, 그것은 '현상학의 현상'이 그 단어로 보통 이해되는 것과 전혀 혼동되지 않으며 소위 '실존하는' 사물들이 그렇다고 하는 의미로 '현존하는' 것은 아님을 전제한다. 그래서 타자의——하지만 결코 **그렇게**(타자로) 나타나지 않는다——현상학이 있고, 간접적으로만 보여질 수 있는데, 그럼에도 후설은 그에 대해 그것이 **지각**되었다고 우리에게 말한다. 왜냐하면 지각은 가시적인 것만이 아니라 동시에 비가시적인 것의 (지각은 그것의 예견)——비록 비가시적인 것이, 지금은 가시적이지 않지만 차후에 그리 될 수 있는 모든 것이 그렇듯 아직은 지각의 소여가 아니거나, 혹은 그 체험들이 결코 보여질 수 없는 타인의 경험에서처럼 결코 지각의 소여로 될 수 없다 하더라도——지각이기 때문이다. 두 가지 경우 모두 비가시적인 것이 가시적인 것의 절대적 대립이 아니라 그보다는 그것의 비밀스런 보완물, 그것이 없으면 전혀 가시성이란 것이 없을 그런 것이다.

그런데 다름 아닌 죽음이 바로 그 절대적 비가시성, 결코 소

---

2) 《존재와 시간》, Niemeyer, Tübingen, 1963, p.36. (하이데거의 인용 글들이 모두 다시 번역될 것인 만큼 우리가 많은 영감을 얻은, 참고 문헌에 구체적으로 표시해 놓은 기존의 번역들과는 별도로 나와 있는 독일 원본의 페이지를 여기에 표시하는 것이 낫다고 본다.)

여가 아닐 뿐더러 모든 현존을 근본적으로 피하는 존재의 절대적 타자가 아닌가? 그럼에도 죽음은 그 '비실질성'으로 실재적 삶의 사물들보다 더 '현존하며' 아주 고집스럽고 강박적인 현존이라서, 철학이라는 그 죽음의 '반복'으로 정말 그것을 길들이는 연습을 하는 경우가 아니라면 기분 전환으로 외면하며 그것을 피하려 드는 것이야말로 관건이 된다. 어느 순간에나 닥칠 수 있는 죽음의 그 기이한 현존 바로 그것이 죽음을 삶의 모든 잔치의 불안한 주인으로 만든다.[3] 그러므로 절박하게 줄곧 현존하는 죽음이라는 그 절대적 부재에서 어떠한 특별한 현상화의 근원은 아니나, 현상들 전체를 검은빛의 바탕 위에서 뚜렷이 드러나게 두면서 그것들에 유한성의 독특한 '함유량'을 부여하는 역설적 드러내기 방식을 인정해야 하리라.

그것이 죽음에 관한 현상학적 담론을 가능케 한다. 그 담론은 실존함의 소멸이라는 항시 가능한 그 무의미의 임박함에 대한 순전한 경험으로 그치며, 죽음을 그것을 상대화할 초월성에 통합함으로써 죽음에다 의미를 부여하려고 시도하지 않는다. 현상학에서 죽음은 파르메니데스[4]의 《시》가 말하는 절대적 비존재의 그 갈 수 없는 길, 생각하는 존재가 그럼에도 **관계를 갖는** 비진리의 막다른 골목길로 남는다. 그러나 어쩌면 그 반대이기

---

3) 죽음의 그림자로 그 짧은 생이 그늘졌던 철학자이며 시인인 노발리스를 어찌 인용하지 않을 수 있겠는가. "그러나 오로지 한 가지 생각 있었네,/한 가지 무서운 상념/즐거운 식탁에 끔찍하게 다가왔네/공포의 그림자 사람들의 뇌리를 덮었네…/행복의 잔칫상에 불안과 고통의 눈물을 던지는 바로 그 죽음이었네."(《밤의 찬가》, A. 게른 번역, Falaize, 1950, p.42-43)

4) 파르메니데스, 《시》, Fragment II.

도 하다——죽음이라는 그 무와 관계를 가지므로 인간은 생각하고, 또 말하며 웃기도 한다. 바로 그 죽음과의 관련, 그 죽을 운명에 대해 가능한 현상학이 있다.

1. 고유한 죽음과 타자의 죽음

죽을 운명에 대한 이 현상학은, 그러니까 어떠한 기원에 대한 모든 주장을 낮출 것을 요구하며 우리를 죽을 운명이라는 '순수 현상'에 대면하게 한다. 그런데 죽을 운명이라는 그 '순수 현상'은 사유하는 자의 자기 죽음과의 관계라는 의미를 내재적으로 갖는다. 그 관계가 하이데거가 말하는 Sein zum Tode라는 것인데, 흔히 '죽음을 향한' 혹은 '죽음으로 가는'이라고 번역하지만 단지 죽음과 관계 있는 한 존재를 의미한다. 그런데 하이데거에게 그 죽음과 관련한 존재는 보통의 살아 있는 자도 아니요, 이성을 지니고 사는 자, 이성적 동물(animal rationale)이라는 전통적 의미의 인간도 아니라, 그가 라틴어 existentia를 독일어로 번역하는 데 사용한, 문자적으로 '여기 있음(être-là)'을 의미하는 Dasein이라고 명하는 자이다.

하지만 하이데거가 그 용어에 부여하는 의미는 생물이나 무생물, 인간을 통틀어 말하는 그 일반적 의미가 아니라 존재자인 **우리**에게만 적용되는, 자신과 타인에게 열린 존재로, 그래서 하나의 '여기' 즉 그후 그가 설명하듯이 '현존과 부재 사이의 빈터'[5]가 될 수 있는 특별한 의미이다. 세상에 다름 아닌 그러한 빈터의 바깥에서는 존재와 비존재라는 **그런 식으로** 가능한 관계는 없으며, 그러므로 '세계-내-존재'나 '죽음을 향한 존재'도 가능하지 않다. 사실 하이데거에게 세계는 존재자들 전체가 아니라 존재자들을 그것들인 것으로 이해될 수 있게 해주는 **지평**이다──그러므로 그것은 Dasein 자체의 구성의 한순간이지 그것이 넣어지게 될 환경이 아닌 것이고, 그 점은 Dasein의 '여기' 존재가 세계의 '여기' 존재와 하나라는 이유를 설명해 준다.[6]

바로 그러한──현대 철학에서 '주체'라고 이름하면서 대상들의 외재성에 대립하는 내재성으로 이해하는 것과 그것의 혼동을 막아 주는──출구로서의 Dasein은 자기의 존재에 무관심하지 않으므로 그래도 인칭대명사 '나'로 자신을 지칭할 수 있는 것이다.[7] 사실 사람들이 자연히 그러는 경향이 있듯이 주관성과 '나'라고 말하는 능력을 혼동해서는 안 된다. '나'라는 단어로 Dasein은 그 자신을 지칭하는데, 즉 그것은 자기를 '세계-내-존재'로 표현하는 것이지, 자신을 '주체'로 인정한다는 뜻은 전혀 아니다──왜냐하면 주체는 반대로 바로 그 이름 때문에(subjectum, '아래 있는 것') res cognitans 즉 '생각하는 **무엇**'[8]

---

5) Cf. M. 하이데거, 〈철학의 목적과 사유의 역할〉, in《질문 IV》, 인용 책, p.128. Jean Beaufret에게 보낸 편지에서 하이데거는 Dasein은 "아마 불가능한 프랑스어로 être le-là를 의미한다고 설명했고" là(le là)는 출구, 비폐색이라고 분명히 했다.(Cf.《인본주의에 관한 편지》, Aubier bilingue, 1964, p.183-184)

6)《존재와 시간》, 인용 책, p.133.

7) 같은 책, p.42.

8) 같은 책, §64.

으로서의 실체의 개념의 모델에 따라 이해되기 때문이다. 그러므로 이미 실현된 것이 전혀 아니라 오히려 반대로 항상 '존재할' 거라는 사실, 또 그 '존재할'이란 것이 어떠한 실체적 존재도 자기의 토대로 가정하지 않는 '세계-내-자기'의 초안의 형상을 갖는다는 바로 그 사실 때문에 자기 존재-주체와 전혀 혼동되지 않는 **자기성**(ipséité) 혹은 자기 정체성이 있는 것이다.

'나'라고 하면서 Dasein은 그러니까 자기 고유 존재를 나타내는데, 바로 이것에다 하이데거가 **실존**이라는 용어를 쓰는 것이다[9]――이 용어는 그러므로 더 이상 사물들의 존재 방식을 지칭하는 게 아니다. 후자의 방식에 대해서는 하이데거가 Dasein의 '투사적(投射的)' 의미와 대조적으로, 주어진 즉 이미 실현된 현존의 개념을 가리키는 Vorhandenheit라는 용어를 만들어 낸다. 하이데거가 구체적 의미를 부여하는 실존(existence)은 이렇게 자신과 관계하여 자신을 이해하는 능력이고, 그러므로 어떠한 실체적 존재의 실체도 가리키지 않는다. 그러한 이유로 실존은 여러 존재들의 공통 유형으로 결코 이해될 수 없다. Dasein의 존재는 사실 '있게 될 있음(un avoir-à-être)'이므로 그가 스스로를 한 유형의――그것이 인류라 할지라도――특별한 예로 이해할 수 없는데, 왜냐하면 이미 후설이 말했듯 인류는 결코 '완성'[10]되지 않을 것이기 때문이다. Dasein은 이렇게 항상 '매번 나의 것'이며, 그것은 그가 따라야 할 '모델'도 없고 실현해야 할 본질도 없으며, 다만 매번 책임져야 할 세상에 던

9) 같은 책, p.42.

져진 존재의 우연만이 있다는 것을 전제한다——하이데거가 말하는 'Dasein을 그 자체로 되돌리는 사실성(facticité)'[11]이 있는데, 어떠한 결정도 그에게는 자연적 사실의 외재성을 갖고 있지 않음을, 메를로-퐁티도 그렇게 말하듯 "실존은 외부적 혹은 우연적 속성을 가질 수 없음을" 그래서 "자기 '속성들'을 인수 수용해서 그것들을 자기 존재의 차원으로 만드는"[12] 조건에서만 '실존'이 무엇인가가 될 수 있음을 전제한다.

실존의 독특함과 단일성은 그러니까 이 자기 수용에 있는 것인데, 이 하이데거적 '실존적 유아론(唯我論)'의 그 진정한 윤리적 측면이 별로 알려지지 않았다는 점은 너무도 명백하다. 그런데 그것은 다름 아닌 "나는 나에게 닥친 것에 나를 **여는** 유일한 책임자이다"라는 걸 뜻하는 것으로, 《국가》의 마지막, 영혼에 의한 자기 운명의 **선택**이라는 신화에서 플라톤이 이미 우리에게 주었던 윤리 교훈을 멀리서 되받는 것이다. 신을 무죄로 하는 것,[13] 자연이나 다른 곳에다 우리에 대한 책임을 돌리지 않는 것, 그것이 바로 자기성(ipséité), 즉 그것 없이는 어떠한 '답'이나 어떠한 책임도 불가능한 **수용 구조**의 자유를 필연적으로 가정하는 윤리의 가능성의 조건 자체이다. 매번 자기 것인 성

---

10) Cf. 《유럽인의 위기와 철학》, Hatier, 1992, p.56에서 후설은 결코 '성숙'에 이르지 못하는 민중들의 역사를 생물학적 발전의 구조에 따라 이해할 수 없다는 것을 보여 준 후, "정신적 인간은 결코 완성된 적도 없고 앞으로도 완성되지 않을 것이다"라고 결론짓는다.

11) 《존재와 시간》, 인용 책, p.135.

12) M. 메를로-퐁티, 《지각현상학》, Gallimard, 1945, p.467.

13) 《국가》, X, 617e.

질, 실존의 '자기 고유성(la mienneté)'이 요구하는 던져진 존재의 책임지기는 '죽음을 향한 존재'의 필연적이고 균형적인 수용을 상관 요소로 갖는다. 하이데거가 강조하듯 "모든 Dasein은 필연적으로 매번 그의 죽음, 그것을 스스로 책임져야 한다. 죽음은 그것이 '존재하는' 한 매번 본질적으로 나의 것이다."[14] 죽음의 '일반적' 본질이 없는 것처럼 실존 혹은 Dasein의 일반적 본질 또한 없고, 단지 매번 존재함과 죽음이라는 **전이 불가능한** 경험이 있다.

   하지만 레비나스가 하이데거에 대립해서 내세우듯 첫번째 죽음, 그것은 자신의 죽음이 아니라 타인의 죽음이라고 주장할 수는 없을까?[15] 사실 타인의 죽음을 통해서가 아니라면 어떻게 죽음이라는 그 무(無)가 우리에게 닿을 수 있을 것인가? 그리고 Dasein은 그렇게 해서 '죽음의 경험'에 도달할 수 있으며, 그가 본질적으로 타자들과 더불어 존재하기 때문에 더욱더 그렇다고 인정해야 하지 않을까?[16] 사실 타자들과 더불어 존재함은 하이데거에게 실존 자체의 구조이지, 타인들의 **실질적** 현존을 가정하는 사실적 상태가 아니다——그렇다면 죽은 자들과의 모든 관계를 불가능하게 하리라. 그래서 고독, 즉 타인이 실재적으로 있음의 결여는 타자들과 더불어 존재함의 반대가 아니라 그것의 **결여** 경험이다. 각별한 타자와 더불어 존재하는 것인 애도에

---

14)《존재와 시간》, 인용 책, p.240.
   15) E. 레비나스, 〈죽음과 시간〉, 1975-1976 강의, in《레른》, n° 60, 1991, p.38.
   16)《존재와 시간》, 인용 책, p.237.

서 경험되는 것은 바로 이 타자의 결여인데, 그것은 우리가 그를 여의었다는 사실로 죽은 자가 우리에게 살아 있을 당시보다 더욱 절대적으로 현재하기 때문이다. 존재함의 '자기 고유성'은 그래서 전혀 '타자들과 더불어 존재함'과 양립 불가능한 것이 아니라 반대로 그것의 토대인데, 왜냐하면 내가 타자와 공유하는 것, 그것은 정확히 말해 심연으로 그와 나를 가르는 존재의 그 전이 불가능성이기 때문이다.

그러나 애도의 경험이 정말 타자와 더불어 존재함의 경험이라 할지라도 그것이 죽음의 진짜 경험이라는 것을 뜻하지는 않는다. 아끼는 이의 죽음은 분명 '나의' 죽음을 알리는 것인데 왜냐하면 그 죽음은 모든 Dasein의, **여기** 존재함의 능력 전부의 소멸, 우리 존재의 보잘것없음에 대한 우울한 발견으로 **체험**될 수 있는 외톨이 신세로 날 만들어 버리기 때문이고, 왜냐하면 우리에게 "모든 것이 텅 비어졌다"고 갑자기 보여지는 데는 '단 한 존재를 여의는 것으로' 충분하기 때문이다. 그러한 '비어짐' 즉 세계라는 그 의미의 지평이 무너지는 경험은, 그러나 결코 죽음('la' mort)의 진정한 수용으로 될 수가 없다. 하이데거가 강조하듯, 아끼는 이의 죽음이 치료할 수 없는 상실로 경험된다 하더라도 타자가 겪은 상실이 그런 식으로 접근 가능하게 된 것은 아니기 때문이다. 타자를 그의 죽음에서 아무리 멀리까지 동반한다 하더라도[17] 그 죽음은 어쩔 수 없이 우리를 벗어난다. 그래서 아무리 자신의 최후를 사람들에 둘러싸여 맞이한다고 해

---

17) R. 드 세카티의 훌륭한 이야기, 《동반》을 볼 것, Gallimard, 1994.

도 각자는 피할 수 없이 혼자 죽도록 처단된 것이고, 또한 그래서 우리가 죽은 자들을 슬퍼할 때 실은 언제나 우리 자신을 향해 슬퍼하는 것이다.

왜냐하면 애도의 경험은 회상의 경험 속에서의 자기 죽음의 경험이든 '고인과 더불어 하는 존재' 속의 타자의 죽음의 경험이든 그것 자체로 이미 죽음의 '대체 계승'이자, 죽음이라는 그 '틈,' 그 '휴지,' 시간성의 그 절대적 불연속성을 채우기 위한 '전략'이므로. 회상의 경험에서, 나는 사실 지나간 나로서의 나의 죽음과 기억하는 나로서의 나의 생존의 경험을 동시에 하고, 나는 죽었기도 하고 나 자신의 죽음에 살아남기도 한다──그래서 나 자신의 죽음이 회상 속에서 말해진다. 마찬가지로 타자의 죽음의 경험에서 나는 더 이상 대답이 없는 고인의 현재적 혹은 사실적 부재의 경험과 애도가 가정하는 '정신적 통합' 속에서 나와 더불어 있는 그의 공동 현존의 경험을 동시에 한다. 우리의 내재성에 고인을 통합시켜 그를 살아 있게 하면서, 그와 동시에 그보다 오래 살아남는 걸 받아들임으로써 그를 실질적으로 죽이는 애도의 오묘한 '변증법적' 성질을 강조하면서 프로이트가 그 점에 대해 애도 '작업'이라고 말한 점은 아주 의미심장하다. 프로이트 자신의 표현에 따르면, 죽은 자와 같은 운명을 나눌 것인가 하는 질문 앞에서 '자아'로 하여금 자신의 자아 도취적 만족을 헤아리며 살아남아 있기 위해 사라진 사랑의 '대상'을 포기할 결정을 내리게 하는 신비로운 애도 '체계'가 있다.[18] "타자의 죽음이 나 자신의 죽음보다 나에게 더 큰 영향을 미친다는 사실"[19]을 분명 별로 분명치 않은 용어로 말하는 사랑이라고 대표적으로 생각할 수 있을 텐데, 그것은 타자를 '위해서' 죽을 결심을 할 수 있다는 것을 설명해 준다. 하지만 그것이 타인을 '대신해서' 죽을 수 있다는 뜻은 아니다. 왜냐하면 자신의 죽음의 순간을 지연시킬 수 있다 하더라도, 타자를 그의 죽을 운명에서 해방시키는 것은 분명 불가능하기 때문이다——이처럼 타자에게 단지 약간의 시간을 줄 수 있을 뿐이지 불멸을 줄 수는 없다.[20] 그래서 사랑으로 희생하는 경우조차 타자의 죽음이 문제가 아니라 실은 그의 뒤에 살아남지 않기를 바라는 **우리에게** 그것이 치유 불가능한 상실로 될 것이 문제이다. 사랑이라는 그 타자와 더불어 존재함의 각별한 형태 속에서 내가 **나 자신**을 그의 죽음 속에 포함시킬 수 없다는 바로 그 점 때문에 나는 결코 **그의** 죽을 운명을 경험하지 못할 것이다. 타자의 죽음이 결코 나의 죽음과 일치할 수 없다는 것, 그래서 결과적으로 사람들이 생각하는 것과 반대로 사랑이 죽음보다 강하지 않다는 것, 바로 그 점이 각각의 죽음을 엄청난 것, **최초의 죽음**으로 만드는 것이다——핑크가 강조하는 점, 즉 타자의 죽음과 나 자신의 죽음, 그런 유형들로 나눌 죽음(la mort)의 종류는 없다는 점을 레비나스가 환기시키며 말하듯이.[21]

하지만 어쩌면 그것이 타자나 나 자신의 불가능한 동시성의 이름일 뿐이라면,[22] 자신이나 타자의 '생존' 속에서 죽음을 '이

18) S. 프로이트, 〈애도와 우울〉, in 《전집》, PUF, XIII권 p.276 이하.
19) E. 레비나스, 〈죽음과 시간〉, 인용 책, p.68.
20) Cf. J. 데리다, 〈죽음을 주다〉, in 《증여의 윤리》, Méailié, 1992, p.47.
21) E. 레비나스, 〈죽음과 시간〉, 인용 책, p.60.

어받지' 않고서 죽음이라는 시간성의 그 근본적 '틈'을 진정으로 '수용'할 수 있을까?

2. 죽음과 죽어감

만약 아무도 그 누구의 죽음을 덜어 줄 수 없고, 엄밀한 의미로 남을 위해 죽을 수 없다면, 그것은 그렇다면 죽어감이 단지 실존의 비본질(외래)적 규정, '인간' 실체의 '우연적 사건'이 아닐 뿐 아니라, 오히려 반대로 인간의 본질적 속성이란 것을 전제하는 것이다. 죽어감과 인간의 관계는 그러므로 그의 다른 모든 규정들보다 앞서는, 그의 존재 자체를 구성하는 것이다. 그러한 것이 하이데거로 하여금 그가 죽음을 향한 존재의 분석을 처음으로 시도하는 강의에서, 죽어야 함의 확실성은 Dasein이 자신에 대해 갖는 확실성의 토대라고 단언하게 만드는 것인데, 그래서 Dasein의 존재의 진정한 정의는 cogito sum, "나는 생각한다 존재한다"가 아니라 'moribundus,' '죽을 운명에 놓여 있는'이라는 것이 'sum' 즉 "나는 존재한다"에 유일하게 의미를 부여하는 sum moribundus 즉 "나는 죽어간다"이다.[23]

죽음은 그러므로 더 이상 실존의 중단, 외부적으로 실존의 종말을 정하는 것으로서가 아니라, 하이데거가 **실존**(existence)이

---

22) J. 데리다, 〈난점〉, 《경계선 통과》, Galilée, 1994, p.333.

23) M. 하이데거, 《시간 개념의 역사에 관한 서론》, Gesamtausgabe, Band 20, Klostermann, 1979, p.437-438.(1925년 여름 학기 강좌)

라고 이름하는 자기 고유 존재와 Dasein과의 그 관계를 본질적으로 구성하는 것으로 나타날 수 있다. 그 관계가 자기 죽음에 대한 불안에서가 아니라 타인의 죽음을 통해서만 그에게 올 수 있다고 보는 것, 그것은 수립할 것을 미리 자신에게 부여하는 것이다. 사실 **이미** 자신이어야만, 자기성 · 자신이라는 그 수용 구조가 이미 여기 존재해야만 타자의 죽음으로 **자신**을 감동시킬 수 있는데, 그 구조는 하나의 고유한 죽어야 함과의 관계로서만 여기 존재할 수 있다. 타자의 죽음이라는 사건에서 자신과의 관계를 **파생시킨다**고 주장하는 '원초적 애도'[24]라는 가정이 아무리 흥미로울지라도, 자신 속에서 어떤 타자의 활동의 엄연한 결과로 볼 수밖에 없을 텐데,[25] 그것을 그러면 레비나스가 아주 일관성 있게 그렇게 하듯이 자신의 무한성 속에서 유한성과 '인질' 자기성의 수동성에 '앞서' 존재하는 그 '전적 타자'로 간주해야 하리라. 하지만 동시에 그 인질 자기성은 그것들을 가능하게 하는 것, 또 하이데거가 정확히 '자기성'——이것은 죽음이기도 한 그 '전적 타자'를 인수함으로써만 구성된다——이라고 이름하는 것이 아니라, **속박**(sujétion)의 상징 즉 '주체'와 '이기성(égoïté)'으로 이해될 것이다. 하지만 신, 오로지 그로부터 주체가 **분리되어** 있기에 주체가 그 인질이 되는 그 무한한 '전적 타자'인 신과는 달리 Dasein——'주체'가 아니라 자신과 타자에 열려 있는 존재——은 존재자의 그 '전적 타자,' 죽음인

---

24) J. 데리다, 〈궁지〉, 인용 책, p.331.
25) E. 레비나스, 《존재함과 달리》, Le Lire de Poche, p.180.

그 무(無)와 **관계**를 갖는데 이 관계만이 수용될 수 있는 것이다.

그러한 이유로 하이데거가 그 점을 주의 깊게 다루듯 죽음과 죽어감을 동일시해서는 안 된다. 죽음은 사실 넓은 의미로 현상이다. 삶에 속하는 Dasein은 예를 들면 생물학의 대상으로서 단순한 생물체로 간주될 수도 있고, 그래서 그런 관점에서 펼쳐질 수 있는 죽음에 관한 수많은 연구도 있다. 그렇지만 그것이 가능한 것은 연구자가 Dasein으로서 죽음이 무엇인지를 이미 알고 있기 때문이다. 왜냐하면 죽음은 Dasein이 스스로를 죽을 운명으로 알 때 생물학적 '자료'로 나타날 수 있고, 세상에서 일어나는 객관적인 사건의 형태를 가질 수 있기 때문이다. 만약 Dasein이 스스로 죽음과의 관계를 갖지 않는다면 세상의 어떤 사건도 그것을 죽음과 관련짓지 못하리라. Dasein을 본질적으로 특징짓는 것은 자신의 죽음과의 관계인데, 자기 죽음은 바로 세상 사건의 종말이므로 '세상의 사건'이 결코 될 수가 없다. '삶'은 항상 우리에게 **인간적** 삶이어서, 즉 자기 해석이 가능하고 자신을 이해할 수 있으며 자신을 수용할 수 있는 삶이어서, 우리가 '단순한' 생물의 삶을 추상화의 노력을 통해서만 나타낼 수 있는 있으므로, 하이데거가 말하듯 단순한 생물체 즉 동물이 "자신의 종말에 이르다(verenden)"라는 의미로 죽을 수 있다면, 그것은 바로 그 종말이 **자체적**으로 그 존재를——우리는 그 존재에 항상 부정적으로 접근할 수밖에 없다——결정짓지 않기 때문이다. Dasein의 죽음이 타인의 죽음으로서 세상 사건의 모습을 띠고 나타날 때 세상 밖으로 나가다(ableben)의 뜻으로 '사망'이라 이야기할 것이지만, Dasein에 대해서 동물에 대해 하는 이야기, 다시 말하면 그는 종말에 이른다라고 하지는 못할 것이다——왜냐하면 Dasein은 내재적으로 자기의 죽음과 관련되어 죽을 수 있는 한에서만 실재로 사망 즉 세상에서 나갈 수 있는데, 그것은 그의 죽음이 순전히 외부적 사실성에서 기인한다고 간주하는 것으로 될 것이기 때문이다.

그러므로 하이데거에게는, 인간에게만 죽어감의 특권과 위엄을 부여해서 철학적 전통이 항상 인정했던 동물에 대한 인간의 우월성을 다시 한 번 확고히 하는 것보다, 죽음의 개념의 **실존론적** 기원(l' origine existentiale)을 분명히 밝히는 것이 관건이다. 실존을 특징짓는 것은 사실 이미 한 번 강조되었듯 그것에 대한 어떠한 규정도 그것에 외부적일 수 없다는 것이고, Dasein에게 그것은 자신에 대한 외부적 시각을——그에 입각하여 그의 실존이 세상에 자리잡는 사건으로 그에게 보여질——결코 가질 수 없다는 점을 전제한다. 하지만 그것은 그가 자신을 자연과학, 예를 들면 생물학의 대상으로, 그리고 인문과학 · 심리학 · 사회학 혹은 인류학의 대상으로 여길 때 그가 줄곧 하는 것이라고 말할 수 있으리라. 하이데거에게는 죽음에 대한 심리학 · 사회학 · 인류학의 가능성이나 유효성을 부인하는 것이 문제가 되는 것이 전혀 아니고, 단지 그것들이 어떠한 보이지 않는 전제에 의거하는가를, 즉 Dasein이 자신을 죽을 운명으로 이해함에 의거함을 보여 주는 것이 관건이다. Dasein은 자신이 죽을 운명임을 앎으로써만 '일반적 죽음'을 접할 수 있는데, 그것은 인간의 '우월성' 보다는 그의 근본적 무능함의 표시이다——왜냐하면 그가 자기 자신의 죽음 아닌 다른 죽음에 직접 접근하는 것은 그와 같이 불가능하므로.

한편 그가 죽음에서, 분명 '매일' 있지만 남들에게만 닥치는 '사고'를 본다고 할 때에나, 죽어감을 단순한 사망과 비본래적으로 동일시하면서 피하려는 것도 바로 그 근본적 무능함이다. 왜냐하면 죽음이 여기 없는 한 자신을 불멸로 생각할 수 있으므로, 죽음을 외부에서 그에게 닥치거나 세상으로부터 그에게로 오는 사건으로 만들면서 Dasein은 그것에 대한 보호망을 얻기에. 우리는 **우선 거의** 이 일시적 불멸성으로 사는데, 그것은 인간의 삶이 오직 죽음을 **피하는** 만큼, 실존의 토대 자체인 것을 앞으로의 사건으로 바꿀 수 있는 만큼 펼쳐질 수 있다는 것을 전제로 한다. 사실 하이데거가 죽음을 향한 일상적 존재에 대해서 하는 묘사에서[26] '비본래성'과 '소외' 즉 Dasein에게 그 죽음이 내포하는 자신에게 낯선 변화에 대한 일방적 비난을 보아서는 안 된다. 그와는 정반대로 Dasein이 스스로를 제대로 알지 못하고 자신에게 자신의 죽음을 감춘다는 사실은 자신 속에서 그것의 확인일 뿐더러, 더구나 죽음 '회피'는 그의 존재를 지탱하는 데 필요한 것이기도 하다. 지속적인 인간의 삶은 그 삶이 죽음을 존중할 수 있는 한 가능한데, 그러려면 그 죽음의 '일상화'가 필요하고, 또 결국은 아마도 그러한 점이 바로 인간을 동물과——동물은 인간이 향수를[27] 느낄 수 있으나 참여할 수는 없는 그런 절대적으로 살아 있는 삶을 산다는 바로 그 이유 때문에 죽음을 길들이거나 그것과 타협할 **필요**가 없다——근본

---

26) 《존재와 시간》, 인용 책, §51.

적으로 구별하는 것이리라.

하이데거는 이렇게 죽어감(le mourir)은 Dasein이 스스로를 자신의 죽음에 관련짓는 **존재 방식**을 지칭하는 용어라고 정의하게 된다.[28] 죽어감은 이런 의미에서 인간의 삶이 무엇인가, 즉 어떤 '죽음을 실존하는 것' 혹은 '**죽을 운명**'에 대한 정의이다. 엄격한 의미로 인간들만이 '죽을 운명'인데, 왜냐하면 그들만이 자신을 자신의 죽음과 관련지어서 죽음을 그렇게 '존재하게' 할 수 있기 때문이다. 그것은 또 한편으로는 노발리스 · 헤겔과 함께 독일 이상주의가 자신을 죽이는 능력, 즉 자살에서 인류의 기원을 보면서 이미 분명히 알아차린 것이기도 하다.[29] 왜냐하면 죽음이라는 그 중단, 그 근본적 단절, 그 존재함의 종말, 거기에 사유하는 존재는 어떤 외부적 한계에처럼 관계되는 게 아니라 반대로 자신이 세상에 존재함 혹은 자신의 살아 존재함이 그로부터 가능해지는 그 내부적 종말에처럼 관계되기 때문이다 ——하이데거가 쓰기를 "죽음의 경우 사람들이 생각하는 끝남은, Dasein의 종말에 존재함이 아니라 그 존재자의 종말을 **향한** 존재함이다"라고 했다. 죽음은 Dasein이 존재하자마자——"인

---

27) 동물한테서 신을 보고, 그래서 그에게 불멸성을 부여하는 소위 말하는 '원시인'은 '일반생물학'의 현대적 관점보다 더 잘 동물——릴케가 여덟번째 《두이노의 비가》에서 말하듯, 죽음에 인접해 있는 그는 더 이상 죽음을 보는 것이 아니라 그 너머를 바라보기에 "영원 속으로 나아간다"——존재의 특수성을 간파한다.

28) 《존재와 시간》, 인용 책, p.247.

29) 이 점에 대해 N. 데프라즈와 J.-M. 무이의 〈자살〉, in 《알테르》, n° 1, 《나고 죽음》, p.107 이하.

간은 태어나자마자 이미 죽을 만큼 늙었다"[30]——수용하게 되는 존재 방식이다.

3. 죽음 그리고 가능성

그러한 점에서 볼 때, 하이데거에 의해 죽음이 《존재와 시간》에서 Dasein의 가능성으로 규정되고, 뒤이어 그것은 그에게 더욱 확실하게 그 죽을 운명인 인간들의 '능력'으로 나타난다는 것이 이해된다.[31] 전반적 실존의 '무조건적' 불가능이 아니라 그것의 불가능성의 가능성이라고 그가 그렇게 죽음에 대해 내리는 정의의 역설적 특징은 여러 번 강조되었는데,[32] 그 역설을 이해하기 위해서는 실존성(existentialité)에 대한 하이데거의 분석에서 가능성의 개념이 차지하는 중요성을 보여 줄 필요가 있다. 가능성은 현대 철학에서 실재나 실질적인 것의 하위로 항상 정의되었다. 그래서 칸트의 범주표에서 가능성은 양식 범주로서(즉 오성과 대상들의 실존 관계와 관련해서) 실재와 필요에 대립된다——가능성은 따라서 **아직** 실질적이지 **않은** 것과 **항상** 필요한 것이 **아닌** 것을 가리킨다.[33] 하지만 가능성은 대상의 **범주적** 규정만이 아니라 Dasein 자체의 존재의 규정이기도 한데

---

30) 《존재와 시간》, 인용 책, p.245.
31) 《에세이와 강연 모음》 볼 것, 인용 책, p.177-178과 212.
32) 《존재와 시간》, 인용 책, p.262.
33) 같은 책, p.143.

하이데거가 **실존론적**인 것[34]이라고 이름짓는 것이며, 또 그러한 것으로서 "Dasein의 가장 근원적이고 궁극적인 긍정적 존재론적 규정"[35]이므로 그러한 것으로서 실재의 하위가 아니라 반대로 그보다 '높다.' Dasein은 사실 개발할 '가능성들'을 잉여적으로 가질 어떤 '현실'이 아니라 그것의 존재는 '존재할 수 있음'이고, 그래서 원초적으로 '가능한 존재'이다. 하지만 그것이 그가 선택을 절대적으로 자유롭게 할 수 있다는 의미는 전혀 아니고, 반대로 그가 이미 몸담고 있는 실존의 우연이 수용되어야 함을, 그래서 Dasein은 그렇게 무엇보다도 자신의 가능 존재에 '맡겨'지거나 사르트르가 말하듯 '자유에 선고'되었음을 의미하는 것이다.

우리가 살펴본 것처럼 존재함의 종말이라는 그 절대적 미래는 Dasein이 관계를 가지면서 마주하여 행동하는 그 무엇이므로, 죽음 즉 실존의 불가능성은 Dasein이 수용해야 할 하나의 존재 가능성이다. 그러한 것으로서 죽음은 막 닥치는 것, Dasein이 예상하고 있는 것의 성질을 지닌다. 그런데 죽음은 실질적으로 경험될 수 있는 그 어떤 것도 아니므로, 그 임박성은 죽을 운명의 존재로서의 Dasein 자체의 가장 고유한 '존재 가능함'의 임박성일 수밖에 없는데, 이 점은 죽음이라는 그 가능성이 타자들과 더 이상 어떤 관계도 갖지 않는 것으로서의 **자기** 존재의 **총체**로 그를 돌려보내게 된다는 점을 내포한다. 죽음이라는 그

---

34) 같은 책, p.54.
35) 같은 책, p.143.

가능성은 그러므로 많은 가능성 중의 하나가 아니라 가장 고유한 가능성인 동시에 Dasein의 초월할 수 없는, 상대적이지 않은 가능성으로 밝혀진다.

그렇지만 실존하면서 특별한 태도를 일시적으로 수용함으로써 Dasein을 자기 고유 존재의 총체 앞으로 가져가는 그 탁월한 가능성이 이루어진다고 상상하는 것은 아니다. 만약 그러한 경우라면 어떤 것들은 Dasein을 구성하는 고유한 것, 즉 죽음과의 관계, 죽을 운명을 빼앗겼다고 가정해야 하리라. 그런데 죽을 운명은 '이론적' 앎의 대상이기보다는 그와 반대로 불안이라는 그 근본적인 감성적 성향 속에서 근원적으로, 또 보다 절박하게 드러난다. 사실 Dasein을 그 자신 앞에 갖다 놓는 불안 속에서 죽을 운명이 '본래적으로' 드러난다. 그러나 죽을 운명이 Dasein의 사실적 실존을 처음부터 구성하지 않는다는 뜻은 아닌데, 왜냐하면 만약 Dasein이 일상성의 비본래성 속에서 자신을 잘못 알아볼 수 있다면, 그것은 바로 Dasein에는 그 자신의 죽을 운명을 불안 속에서 맞서거나 세속적 업무에 골몰하여 피하면서 그것과 관계를 맺는 다양한 방식이 있기 때문이다. 일상성 속에서조차 Dasein은 회피라는 방식으로 죽음과 대질된다. 본래성 속에서나 비본래성 속에서나 실존에서 끊임없이 문제가 되는 것은 그러니까 죽을 운명의 존재이며, 그러한 이유로 Dasein은 '사실상' 그가 존재하는 한 죽는다고 말할 수 있는 것이다.[36]

그런데 죽음과의 비본래적 관계를 특징짓는 것은, 그 죽음이

---

36) 같은 책, p.251.

라는 탁월한 가능성이 아무것도 죽음의 확실성에 '심각하게' 의혹을 제기하지 않음에도, 거기에서 자신의 진실한 모습으로 나타나지 않는다는 것이다. 그런데 단순한 '이론적' 고찰이 드러내는 것은 사망에 대한 경험적 확실성뿐으로, 그것은 모든 경험적 확실성의 경우가 그렇듯 단지 있을 수 있다는 것뿐이다. 그러므로 실재로 관찰된 사망의 예에서 죽음이 오리라는 확실성을 끌어내는 것은 불가능하다. 하지만 그 확신은 확실히 존재하는 것이고, 자신을 죽을 운명으로 아는 것 또한 일상에 부재하는 것은 아니다. 그런데 동시에 그 앎은, 알면서 자신의 고유 존재 속에서 그 앎과 관련된다고 느끼지 않는 사람과는 '분리된' 듯이 있게 된다──죽음은 그에게 '분명히' 올 것이나, 아직 '일시적으로는 오지 않는' 사건으로 머물기 때문에. 이렇게 일상으로 덮여져 있는 것 그것은 바로 죽음의 **임박성**, 죽음이 매순간 가능하다는, 죽는 순간의 미확정성이 죽음의 확실성과 분리될 수 없다는 사실이다. 바로 이 죽음의 '비본래적' 지연이 결국은 그것을 사망, 남들에게만 있는 물질계 내의 그 사건과 혼동케 한다. 왜냐하면 사망의 형태로 자신의 죽음을 보는 것은 사망의 순간을 추정해서──오늘이 아닌 이 다음에──미확정적인 것을 정해 버리고 싶어하는 것이면서 동시에 추정된 간격을 일상의 급한 일들로 메우면서 자기 종료의 필연적 미확정성을 스스로에게 감추는 것이다.

　그런데 만약 죽음이 그렇게 비본래성을 통해 드러난다면, Dasein의 가장 고유한 가능성으로서 그 가능성을 그대로 수용하는 것이 가능한가? 달리 말하면, 오게 될 죽음을 향한 본래적 존재가 있는가? 사실 모든 철학은 이미 우리가 플라톤·몽테뉴·헤겔을 통해 보았듯이, 생각으로써 죽음이라는 그 극단의 가능성에 가까이 머물면서 본래적으로 열리려는 시도이다. 하지만 그 죽음에 대한 명상은 그것과 '가까이' 하려 든다는 그 사실 자체로, 몽테뉴가 아주 적절히 말했듯이 그것을 '길들이려는,' 그것에 대한 어떤 제어를 해보려는 의지를 드러내는데 그러한 사실 자체로 **순수한** 가능성이라는 그것의 특성을 제거하게 된다. 죽음의 가능성이라는 특성을 분명 고수하긴 하나 그것(죽음)이 갖는 탁월한 면으로는 열리지는 않는 단순히 죽음을 기다리는 경우도 그와 마찬가지이다. 왜냐하면 기다림이란 것이 분명 가능성으로 열리는 태도라 하더라도 그것의 실현을 겨냥하면서 또 그 실현을 위해 말하자면 '애쓰면서'이고, 그래서 하이데거가 말하듯 사실 기다림이란 가능성 자체의 기다림이 아니라 그것의 가능한 **실현**에 대한 기다림이기 때문이다. 죽음을 예상하는 것은 그러므로 전혀 **순수한** 가능성이라는 그 성질을 고수하는 게 아니라, 그보다는 그것을 사람들이 몰두하는 가능성으로 변화시키며, 이 점은 그것의 상대화를 내포한다. 가능성을 사용 가능케 하고, 그래서 그것을 가능성으로서 소멸시키는 것을 본질적 목표로 하여 몰두한다는 관점에서 보면 죽음은 더 이상 여러 가지 가능성 중의 하나일 뿐이다. 한편 다른 가능성들은, 그 가능성 자체들을 위해서가 아니라 Dasein을 '위해' 생기기 때문에 그 상대적인 실현만이 있을 뿐이다──반면 Dasein에게 죽음은 전혀 실현할 '목적'으로 되지 않는다. 왜냐하면 자살은 죽음 자체의 실현이 아니라 단지 사망의 유발일 뿐으로,

그렇게 하면서 Dasein은 존재하면서만 수용할 수 있는 '자신이 죽어감'을 스스로 제거하는 것이 되기 때문이다.[37]

그러므로 만약 오게 될 죽음을 향한 본래적 존재가 있다면, 그는 죽음을 마음대로 처분하거나 실현하려고 들지 않으면서 죽음에다 그것의 순수한 가능성이라는 특성을 남겨 주어야 하고, 그래서 그 탁월한 가능성을 전 존재의 불가능의 가능성으로 나타나게 할 수 있어야 한다. 죽음은 Dasein에 모든 가능한 것의 부재의 가능성, 더 이상 존재할 수 없음의 가능성 즉 Dasein의 절대적 불가능성의 가능성이므로 실현해야 할 **아무것도** 제안하지 않는다는 단 그 이유로 탁월한 가능성이다. 여기서 파르메니데스가 이미 이야기한 비존재의 그 갈 수 없는 길, 불가능이 어떤 면에서 바로 불가능하고 갈 수 없는 것**으로서** Dasein에 예상된다는 점이 역설적이다. 이 점은 플라톤이 파르메니데스에 반대해서 이미 보여 주었듯이, 비존재는 특정한 방식으로 '존재하거나' 아니면 그보다 하이데거식 용어로 Dasein이라는 것은 정확히 죽음을 (타동사적으로) 실존하게 한다(exister)는 것을 뜻하므로 비존재는 **실존한다.** 사실 이 점은 하이데거가 Dasein에 대해, Dasein이 자신의 능력으로 생기게 할 수 없으면서 그 안에 붙들려 있는 무(無), 그런 무를 대신하는 것이라고

---

37) 자살에서 Dasein은 스스로를 수단으로 생각하며, 그래서 단순한 '도구'의 차원으로 타락한다. 이 점에 있어 프로이트가 〈애도와 우울증〉에서 했던 우울증의 분석에서 자아가 스스로를 대상으로 취급할 때에만 자살할 수 있고, 그렇게 해서 그는 대상으로 향하던 적의감을 자신에게로 돌린다는 것을 알 수 있다고 강조한 것은 의미심장하다.

말하면서《형이상학이란 무엇인가?》에서 강조하게 될 점이다.[38]

죽음은 그렇게 그것의 계속적 임박성 속에서 **순수한** 가능 즉 가능성**으로** 머무는 가능성으로 나타나며, 그것의 실현으로 결코 소멸되지 않는 것, 그래서 그러한 것으로서 변증법적으로 발전시킬 수 없고 '이어받을' 수 없는 것이다. 왜냐하면 그렇게 되려면 그것의 실현을 위해 '애써야' 할 것이기에. 하지만 죽음을 내세우거나, 그 죽음 앞에 **자신을** 그렇게 내세울 수 있는 것과도 거리가 먼 Dasein은 그것(죽음)의 예고자일 뿐이다. 죽음에 그 순수한 가능성이라는 특성을 지키며 관계 맺음은 사실 그것을 '앞설 것'을 요구한다. 스스로를 앞선다는 것은, 그러니까 이미 Dasein의 존재할 능력으로서의 존재 자체이다. 게다가 Dasein이 자신을 '실제적으로' 이해하는 것은 스스로를 앞서는 것으로서이지, 그가 자신의 존재에 대한 의미를 이론적으로 의식한다는 의미에서가 아니다. 자신의 극단적 존재 능력 속에서 자신을 앞선다는 것은 그러므로 죽음이라는 가능성을 가능토록 하고, 죽음 자체로 죽음을 해방시키면서 실존하는 것이다. 그러한 의미에서 하이데거는 죽음을 향한 본래적 존재를 '죽음에 대한 자유'[39]로 정의하는데, 왜냐하면 죽음을 향해 자신을 자유롭게 함은 동시에 우리가 죽음을 길들이고 농락하고 제거하기 위해 동원하는 모든 전략으로부터 죽음을 해방시켜서 죽음이 우리 실존을 전적으로 지배하도록 **두고**, 그래서 그런 식으로 그것(죽

---

38)《질문 I》, 인용 책, p.66.
39)《존재와 시간》, 인용 책, p.266.

음)에 Dasein의 실존의 주인이 될 가능성을 줌을 전제하기 때문이다.[40] 그러한 sub specie mortis, 죽음이란 지평 아래서의 실존함이 하이데거가 죽음을 향한 본래적 존재함이라고 이름하는 것인데, 바로 그 속에서, 헤겔이 '절대적 주인'이라고 이름 붙이면서 예감했고, 또 그 대체 계승이 불가능하다는 것을 전적으로 모를 리 없었던 절대적 위대함, 죽음의 척도 부재가 나타나기 때문이다.

---

40) 같은 책, p.310.

IV

죽을 운명과 유한성

죽을 운명의 존재에 대한 하이데거의 현상학은, 그러니까 어떻게 해서 그 사고 불가능한 것과 실현 불가능한 것에 대해 사유나 관행이 있을 수 있는가를 보여 주면서, 죽음에 그것이 갖는 근본적으로 사유 불가능하고 실현 불가능한 면을 남겨둔다고 주장한다. 하지만 그것은 결국 우리가 음을 양으로 바꾸고, 뜻 없는 것에 시종 뜻을 부여해 가는 가장 미묘한 전략이 아닐까? 그 점이 바로 사르트르가 의심하는 것으로, 그는 릴케·말로·하이데거를 똑같이 '죽음을 **이용하려는** 이상주의적 시도' 속에 뭉뚱그려 버리면서, 하이데거가 '추론상의 명백한 기만'으로 죽음을 Dasein으로 개별화하고, Dasein을 죽음으로 개별화하는 '요술'을 부린다고 서슴없이 말한다. 하이데거에 의한 그 '죽음의 인간화'가 사르트르 자신의 구상에 유용함에도 불구하고 그는 '처음부터 문제를 재검토'하려고 나선다.[1] 그 '되짚기'는 실은 Dasein을──프랑스의 최초의 하이데거 번역자 앙리

---

1) J. P. 사르트르, 《존재와 무》, Gallimard, 1963, p.615 이하.

코르벵처럼 사르트르는 '인간적 현실'로 번역한다——던져진 '존재 능력'으로, 그것의 사실성을 우연의 인수로 만드는 것에 대한 근본적 무지에서 근거한다. 그러므로 사르트르가 "죽음은 더 이상 세계에서 현존을 실현할 수 없는 **나의** 가능성이 아니라 **나의 가능성들 바깥에 있는 내 가능성들의 항상 가능한 무**(無)**화**"라고 주장하면서 하이데거에 맞서 "나의 죽음은 나 자신의 가능성이기는커녕 **우연한 사건**이고, 그러한 것으로서 원칙적으로 나를 벗어나는 것이고, 본래적으로 나의 우연에 속한다"고 결론짓는 것은 놀랍지 않다.

여기서 흥미로운 것은 사실 사르트르의 하이데거 관련 독서 부족이 아니라, 그보다는 죽음에 어떠한 의미도 인정하지 않고 그것에 전적 부조리라는 그 특성만 남기려는 그의 의지이다 ——"이처럼 죽음은 결코 삶에 의미를 주는 그런 것이 아니라, 그와 반대로 원칙상으로 그것에 모든 의미를 제거하는 것이다."[2] 그럼에도 그러한 입장은 그로 하여금 전혀 자유를 포기하게 하지는 않는데, 그 이유는——죽음을 향한 존재에 대한 하이데거의 이론이 이 두 개념의 동일화 위에 고스란히 세워져 있는 듯한 반면——그에 따르면 죽음을 유한성과 근본적으로 분리시켜야 하기 때문이다. 사르트르에게 죽음은 우연적 사실이므로 죽음은 어떤 면에서도 대자로서의 실존자(l'existant)의 구조와 관련이 없는데, 반면 유한성은 내재적으로 **대자의 존재를** 규정짓는 구조이다.

---

2) 같은 책, p.624.

우리의 유한성은 사실 죽음이 아니라, 오로지 대자가 다른 모든 가능성들을 배제하고 택한 한 가지 가능성을 향해 자기를 투사하는 선택이다. 사르트르에 의하면 자유라는 행위 자체로 유한성의 '창조'가 있다──"달리 말하면 인간적 현실은, 스스로 인간적이기를 선택하면서 자신을 유한으로 **만들기** 때문에"[3] 그것이 비록 불멸이라 하더라도 유한으로 머물 것이다. 왜냐하면 시간성의 비가역성은 불멸의 존재에게조차 "자신의 짓거리를 되풀이하지" 못하게 하고, 또한 일시적으로 무한한 존재에게 유일한 특성을──"이런 관점에서 불멸하는 것도 죽을 운명처럼 여럿으로 나서 하나가 된다──부여할 것이기 때문이다."[4] 여기서 유한성은 단독성과 동일화되며, 그와 동시에 죽음(사르트르에게는 순수 사실의 일반성을 간직한다)과 구분된다──"죽음은 태어남처럼 순수 사실이고 외부로부터 우리에게로 오며, 외부에서 우리를 변화시킨다. 결국 그것은 태어남과 전혀 구별되지 않고, 그래서 바로 이 태어남과 죽음의 동일성을 우리는 사실성이라고 하는 것이다."[5] 독자적 주체성은 그러므로 죽음에 반대해서가 아니라 그것과는 별도로 확실해지는 것이고, "바로 그래서 우리는 항상 **하여간** 죽을 것이기에"[6] 그것에 대한 본래적 태도나 비본래적 태도를 구분할 이유가 없다.

그러므로 유한성은 실재적이기 위해 스스로 한계를 지어야 하

---

3) 같은 책, p.631.
4) 같은 책, p.631.
5) 같은 책, p.630.
6) 같은 책, p.633.

는 자유의 작품이지만 그 한계들은 죽음이라는 그 외부적 한계와는 아무런 상관이 없는데, 왜냐하면 대자가 죽음을 **만난** 적이 없고, 죽음은 그의 모든 계획에 늘 '**따라다니지만**' 그를 **건드리지는** 않으므로. "죽음은 실현 불가능하므로 나의 시도를 벗어난다면, 나 자신은 바로 나의 시도 자체로 죽음을 벗어난다."[7] 사르트르는 죽음을 단지 외부적 한계로 만듦으로써 대자에 무한한 자유를 부여하는데, 그것이 그가 잘못 하이데거에게 책임을 돌리는 '죽음의 인간화'보다 덜 '이상주의적'인 것으로 보이지도 않는다──그 자신의 고백에 따르면, 그는 그런 식으로, 이미 에피쿠로스가 그랬듯, 죽음을 우리와 **관련** 없는 단순한 '사실의 한계'로 만들면서 그것을 '벗어나는 것'이므로. 그렇지만 문제는 바로 우리가 죽음에서 우리와 관련 없는 '종말'을 보면서 우리의 실존을 부적절한 모델, 자연의 초보적 사실성이라는 모델을 출발로 해서 해석하지 않는지 자문해 보는 것이다.

1. 유한성과 총체성

사실 인간 실존을 태어남과 죽음 사이에 자리하는 **일련**의 사건들로 간주하는 것은 합당한가? 사르트르가 그랬듯이,[8] 실존을 멜로디에 비교한다면 멜로디가 음들의 단순한 **연속**으로만

---

7) 같은 책, p.632.
8) 같은 책, p.615.

구성되는가 하는 질문을 우선 던져야 하지 않을까? 일련과 연속으로 결코 **어떤 하나의** 실존을 이루지는 못하겠지만, 사물의 존재 방식은 겨우 이해할 수 있으리라. 그래서 죽음을 일련의 단순한 '마지막 끝'으로 상상해서는 실존의 유한성을 전혀 이해할 수가 없다――사르트르가 전통적으로 합쳐진 유한성과 죽음이라는 두 개념을 분리시킨다면, 그것은 그가 죽음의 경우 '현실'이 아니라 실존인 Dasein에다 그에 적절치 않은 종말의 개념을 적용하기 때문이다.

정말 인간의 실존이 시작의 끝에서 마지막 끝까지 외부적으로 서로 보태어지는 연속적 부분들로 구성된다고 가정할 수 있을까, 아니면 그보다는 '대자'의 '의식(soi)'이 자기의 시작과 종말과의 관계를 시종 유지하고, 그래서 결코 부분들로 구별이 안 되는 어떤 '전체'를 구성하는 것으로 보아야 하는 것은 아닌가? 그(대자의 의식)가 자기를 '전부' 걸 수 있어서 독자적 계획들 각각에 자신을 '몽땅' 던질 수 있다면, 그것은 바로 그의 존재 방식이 근본적으로 res 즉 사물의――그 사물이 단순히 자연의 사물로서 처분 가능하건 인공 가공물, 문화적 대상이건――그것과 다르기 때문이다. '부분들'과 전체의 관계에 대해서는 사실 조합이나 가산에 의해 얻어진 총체성의 경우에만 이야기할 수 있는 반면 동일한 방식으로 살아 있는 총체성의 추이를 고찰하기는 불가능한데, 그것의 변화는 자체 속에 그것의 시간상의 모든 확장 '순간들'을 지니는 어떤 의식(soi)의 변화이기 때문이다. 하이데거는 그래서 Dasein의 존재와 살아 있는 존재에는 **형상적** 정체성이 있다고 강조하면서, 총체성의 그 두 가지 존재 방식간의 차이에 대해서는 holon 즉 전체라는 의미의 모두와 pan 즉 총합의 의미의 모두를 이미 그리스인들이 알고 있었다는 것을 환기시킬 뿐 아니라, 후설의 세번째《논리학 연구》에 있는 개념적 연구를 언급하기도 한다.[9]

사실 현상학적 논리의 범주 내에서 독립된 부분과 의존적 순간의——헤겔도 알고 있던——차이가 분명히 드러날 수 있는데, 그러한 논리는 '간단한 말들'로——여기서는 '종말(fin)'과 '전체(tout)'——만족하기는커녕 바로 '사물 자체들,' 의미들의 밑바닥에 있는 직관적 데이터들로 돌아갈 것을 임무로 여기기 때문이다.[10] 헤겔에 의하면 단편 혹은 전체에서 실재적으로 분리될 수 있는 전체의 독립된 부분은, 순간 혹은 추상적으로만 분리 가능한 전체의 의존적 부분과 구별해야 한다. 순간을 특징짓는 것은 다른 순간들과 전체 자체에 대한 그것의 소속 관계이다. 그러한 어떤 전체가 **아직 존재하지 않는다**라는 것은 그럼에도 그것에 속하고, 반면 부분들로 조합된 전체의 경우에는 그것은 이미 있는 부분들로 구성된 전체에서 **빠진다**. 불완전성이란 의미의 **결여**의 개념은 오로지 부분들로 조합된 전체의 경우에 엄격히 적용되는 것으로, 살아 있는 존재라는 변화 과정의 총체성에는 전혀 적용될 수 없다. 왜냐하면 살아 있는 존재는 만약 그가 어떤 형태로 **이미 항상** 그렇지 않았었다면 그가 **아직 아닌** 것으로 **될** 수 없기 때문에. 하이데거는 여기서 **자신**을 성숙시켜

---

9)《존재와 시간》, 인용책, p.244, 주 1.
10) Cf.《논리학 연구》, PUF, 1969, II권, I장, p.6.

가면서만 익을 수 있는 과실의 예를 드는데, 그것은 성숙이 마치 다른 무엇처럼 미성숙에 단지 보태지지 않음을, 그것은 이미 **구성적 자격으로** 미성숙 상태의 과실에 속함을 전제로 한다.

"네 자신이 되어라"――그것이 바로 핀다로스[11]가 이미 말했던 살아 있는 자의 법칙인데, 니체는 그에게서 이 표현을 빌린다. 사실 살아 있는 자가 자신과 근본적으로 다른 것으로 되는 것은 불가능하며, 그런 이유로 아리스토텔레스는 변화의 결과 즉 energeia[12]를 다르게 변하는 능력, 즉 dynamis에 입각해 이해했는데 이 후자에서는 구체적 실현으로 넘어가게 하는 것이 관건인 추상적 가능성이 아니라 **이미** 그 결과를 향해 있는 ~할 채비가 된 어떤 존재 혹은 ~에 적절한 존재를 보아야 한다. 그래서 아리스토텔레스가 energeia라고 이름한 것, ergon 속에 즉 자기의 작업 속에 담겨져 그래서 완성되는 것일 뿐 아니라 entelekheia 즉 자체 속에 자신의 종말(telos)을 갖고 있는 것이라고 한 것의 완전성에 대한 dynamis의 부정성은, 단순한 불완전성[13]과 구조적으로 다르지만 그것과 마찬가지로 인간 실존의 유한성을 정의하는 데는 쓰일 수 없는 정해진 부정성, **미완성**일

---

11) 핀다로스는 정확히 "배움으로 네 자신이 될 수 있기를"이라고 말하는데(두번째 시, 72행) 보다 더 구체적으로 인간 존재에 적용되는 것이 사실인데, mathêsis 즉 배움에 의한 정신적 성장이 그(인간)의 고유한 변화 방식인 한에서 그러하다.

12) dynamis를 가능태, energeia를 현실태, entelekheia를 완결태로 번역하기도 한다. 〔역주〕

13) 행위와 능력의 구별의 원천을 우선 수공 생산의 모델에서 찾아야 하는 것임을 증명하는 energeia라는 용어는, 아리스토텔레스가 자연 현상을 설명할 때 생산에서 빌려온 도식들이 줄곧 사용됨을 보여 준다.

뿐이다. 왜냐하면 하이데거가 강조하듯 Dasein은 비록 '미완성'일지라도 끝이 나고, 역으로 자신의 종말 훨씬 이전에 자신의 완성을 초월했을 수도 있어서 결코 Dasein에게는 끝남이 오로지 마무리됨을 뜻할 수는 없으므로.

그렇지만 완성에 대한 생물학적 모델은 인간 존재의 자신에 대한 이해 방식으로 남는다. 바로 그런 생각의 구도 속에서 예를 들면 니체는 인간을 "아직 확정되지 않은 동물,"[14] 즉 자기 고유 존재의 충만함, 자신의 특수한 완성이 될 수 있는 것을 아직 규정하지 못한 동물로 정의할 수 있는 것이다. 결과적으로 인간은 자신의 생애가 아무리 길더라도 항상 너무 짧은 것으로 여기는 경향이 있고, 자신의 죽음은 그에게 항상 때가 이른 듯 보인다. 세네카는 바로 그 보편적 불평을 비판하면서 되풀이하는데, 그 유명한 《삶의 짧음에 관하여》라는 논저의 첫머리에서 속인이나 현인이나 "모두 살아갈 준비를 하는 순간부터 삶에 저버림을 당한다"는 데 생각을 같이한다는 점을, 또 아리스토텔레스도 인간이 위대한 시도를 위해 태어났음에도 불구하고 자연은 그에게 훨씬 더 종말이 가깝게 함으로써 동물들보다 인간에게 덜 호의적이었다고 여겼음을 상기시킨다.[15] 만약 동물이 자신이 할 수 있었던 모든 것을 실현하고 죽을 수 있다면, 그리스인들이 aretê 즉 그 동물을 존재할 수 있게 하는 장점 혹은 특질

---

14) 《무엇을 생각이라 말하는가?》에서 하이데거의 주석을 볼 것, PUF, 1959, p.53 이하.

15) 세네카, 《삶의 짧음에 관하여》, in 《대화》, II권, Les Belles Lettres, 1967.

이라고 이름했던 그 완성을 이루었을 수 있다면, 그래서 그것의 생명의 연장이 더 이상 어떤 의미가 없다면, 항상 자기 존재의 모든 가능성들을 다하기 전에 죽는 인간에 대해서는 문제가 전혀 달라서, 그의 죽음이 그가 아직 못한 일을 완성하는 것을 막아 버리는 폭력으로 나타나게 된다는 것이 사실 확실해 보인다.

더구나 인간의 죽음이 항상 '비자연적' 사건으로 느껴진다는 그 사실은 역사와 문화를 가능하게 해주는 것이다——그래서 죽은 자가 마무리할 시간이 없었던 것을 다른 사람이 이어받아 완성할 수 있을 것이다.[16] 아리스토텔레스에게 인간은 다른 생물들과 마찬가지로 자기 후손을 통해서만 살아남는데, 왜냐하면 생성이 자생적이지 않으며 불완전하지 않은 "모든 완성된 생물에게 가장 자연스런 기능 중의 하나는 자신과 닮은 다른 생물을 생산하는 것이기 때문이다——최대한 영원과 신성에 참여하기 위해 동물은 한 동물을, 식물은 한 식물을 생산한다."[17] 그렇지만 자기 생애를, 그것이 이미 그 자체로 그 완전함에 도달했으므로, 재생산하기만 하는 동물의 새끼와 생식자가 미완성으로 남긴 것을 완성하면서 자신의 생식자보다 멀리 갈 가능성을 지닌 인간의 후손과를 구별할 필요가 있다. 바로 그런 의미에서 인간에게 부성은 항상 '정신적'인 부성이라고 말할 수 있는데 생성 '자산'의 전달만이 아니라 수용되거나 부인될 수 있는 가능성들 모두의 유산을 가정하기 때문이다. 아들을 아버지와 잇

---

16) Cf. A. 코제프, 《헤겔 읽기 입문》, 인용 책, p.525.
17) 아리스토텔레스, 《영혼에 관하여》, 415a 26.

는 '외재성'에서 관계의 '정신적' 차원을 인정하려고 함으로써
만, 그래서 그와 동시에 그 '생물학적' 차원을 '존재론화함으로
써만' 부성을 통해 '죽음을 정복하려고' 애쓸 수가 있다.[18]

완성의 생물학적 구조가 인간이 스스로에 대해 문화적 존재
로서 갖는 의식을 계속 구조화한다 하더라도, 그것은 Dasein의
존재 방식을 적절하게 특징지을 수 있는 '끝냄'의 개념을 제공
할 수 없으리라. 우리가 이미 보았듯이 Dasein은, 말하자면 그
실존을 맞이하면서 그에 사전에 관계되지 않고는 어떠한 종류
의 '종말'도, 그것이 성숙에 의한 완성이든 자기 실존의 단순한
그침이든, 수동적으로 **감수**할 수 없다. 그래서 그(Dasein)는 항
상 이미 자신의 종말**이라는** 것이고 그 종말은 그가 시초부터 이
미 그 종말에 열려 있기 때문에 '바깥'으로부터만 그에게 일어
날 수 있다. 그래서 거기서 무신론의 동기와 인간의 범주에만
몰두하라는 권고를 보았던 프로타고라스가 이미 그랬듯[19] 짧은
삶을 탓하거나 죽음이 항상 너무 일찍 온다고 생각할 것이 아니
라, 그 반대로 하이데거가 강조하듯 태어남 자체가 이미 죽음으
로 열림이고 태어난다는 사실 그 자체가 우리에게 죽을 수 있는

---

18) 레비나스가 그랬듯(《시간과 타자》, PUF, 1989, p.87) 부성에서 '다원적
존재함'을 보는 것은 그가 강조하듯 '자아의 생성 능력'의 '존재론적 가치'
를 인정할 것을 요구한다. 왜냐하면 자아는 아들 속에서 자신의 작품이나 소
유가 아니라 실존함의 초월 자체인 자신과 다른 이가 되기 때문에.

19) 그의 글 《신들에 대하여》의 서론 중 다음 부분을 볼 것: "신들에 관한
한, 나는 그들이 존재하는지 그들이 존재 않는지 그들의 모양은 어떤지 알 수
가 없다. 왜냐하면 그 앎에 방해물들이——그들의 비가시성, 인생의 짧음
——많아서."

능력을 주는 것이기에 인간은 항상 죽을 수 있을 만큼 늙었다고 생각해야 하리라.

그래서 그러한 '종말을 향한 존재'에 입각하여 실존의 유한성이 이해될 수 있지만, 그것이 사르트르가 바라듯 유한성이 무한의 자유에 의해 선택될 수 있다는 뜻은 전혀 아니다. 왜냐하면 실존함이 단지 **태어났음**을 즉 자기 존재의 기원이 아님을 뜻하는 반면, 무한(in-fini)만이 유한으로 **될** 수 있기에. 수동적으로 감수되는 것도 마음대로 만들어진 것도 아닌 실존의 유한성은 단지 **수용**될 수 있을 뿐이다. 인간 존재는 유한하게 **실존**하며, 그것은 '죽음에 던져진'[20] 그가 자신에게 마음대로 죽음을 가하는 능력보다는 그것을 **떠맡는** 능력을 지닌다는 것을 뜻한다. 불멸해야 **자신**을 죽일 수 있는 것인데, 헤겔은 자기의 초월성을 잃으면서 역사 속으로 내려와 거기서 오로지 정신으로서 부활하는 절대의 '죽음'을 상상하면서 그 기독교의 진리에 철학적 위상을 부여했다. 무한의 그러한 유한한 변화는, 자신의 자유 명령으로 죽음의 면전에 서지 않는 그래서 죽음에 대해 결코 자유로울 수 없이 다만 그것을 '향해' 자유로울 수 있을 뿐인 한 존재의 근본적 **유한성**과는 전혀 동일시될 수 없다. 바로 그러한 이유로 하이데거는 《형이상학이란 무엇인가?》에서 "가장 고유하고 가장 심오한 유한성이 우리의 자유를 피한다는 그 점이 유한화가 Dasein에 파놓는 심연이다"[21]라고 말한다.

---

20) 《존재와 시간》, 인용 책, p.329.
21) 《질문 I》, 인용 책, p.66.(번역 수정)

2. 유한성과 출생

Dasein이라는 그 죽을 운명의 존재는, 존재자 한 가운데 던져짐으로써, 또 그 자신 자기 고유 존재의 근원에 있지 않음으로써 **항상 이미 유한하기** 때문에 전혀 자신을 마음대로 **유한하게 할** 수 없다. 왜냐하면 Dasein은 죽음이라는 그 종말을 향한 존재일 뿐 아니라 탄생이라는 그 또 다른 종말을 향한 존재이기도 하기 때문이다.[22] 사실 실존론적 관점에서 탄생은 죽음이 사망이라는 미래의 사건이 아닌 만큼 과거의 사건이 아니며, Dasein은 그(Dasein)가 '죽을 운명으로' 실존하듯이[23] 일생 동안 '태생적으로' 실존한다. 그런데 Dasein에게 '태생적으로 실존한다'는 것은 무슨 뜻인가? 하이데거는 시간성으로서의 Dasein의 존재의 가장 근원적 해석에 이르는 순간 Dasein의 '총체'를 구성하는 것에 대한 질문을 다시 제기하고, 실존론적 분석이 일방적으로 죽음을 향한 존재 쪽을 향해 머물러 있어서 탄생의 현상을 파악하지 못했음을 인정했다. 하지만《존재와 시간》에서, Dasein에게 '태어난 존재'가 의미하는 것에 대해 어느 정도 밝혀주는 '던져진 존재'에 대한 분석이 보인다. 왜냐하면 Dasein이 세상에 던져졌다고 말하는 것은 우리가 이미 보았듯이 Dasein이 자신의 사실성(facticité)을 책임져야 한다고 말하는 것이고, 그것

---

22)《존재와 시간》, 인용 책, p.372-373.
23) 같은 책, p.374.

은 어떤 점에서 Dasein은 그 자신에 대해 '빚진' 혹은 '잘못을 범한' 것임을 전제로 하기 때문이다. 하이데거가 '의식'에서 혹은 '잘못을 범한 존재'에서 Dasein의 실존론적인 것들에 관련된 것들을 본다면, 그것은 그가 존재론적 차원에서 기독교적 주제[24]를 반복해서라기보다는 기독교에 의해 '주제화'된 것이 그 기저에 실존론적 현상을 갖고 있기 때문이다. Dasein 자체가 자신을 실존케 하지 않았기 때문에, 그리고 그 자신이 자기 존재의 근원에 있지 않으므로 이미 자신인 것에 대한 책임을 져야 하는데, 그것은 사실적 자기 존재를 책임져야 한다는 점을 내포한다. 그래서 그는 그 자신이 지지 않은 빚 혹은 그 자신이 저지르지 않은 '잘못'으로부터 존재하기 때문에 그는 근원적으로 '빚지거나' '죄지은' 것이다. '원죄'라는 유대·기독교적 개념조차도 인간이 태어나면서 자신이 절대 완전히 자기 것으로 만들지 못할, 그러면서도 그가 '근원적으로' 그에 대해 유죄인 어떤 절대적 과거가 자기 뒤에 펼쳐지는 것을 보기 때문에 생길 수 있었던 것이다. 그리스인의 삶에 대한 비극적 감정의 근원에도 실존 자체에 내재하는 불행에 대한 마찬가지 경험이 있고, 또한 세상에서 가장 좋은 것이 무엇인지 질문하는 미다스 왕에게 현자 실레누스로 하여금 "세상에서 가장 좋은 것은 태어나지 않음, **존재**하지 않음, **아무것**도 아님이지만 너의 능력을 벗어나니, 그 다음으로는 곧 죽는 것이 너에게 제일 나으리라"[25]라고

---

24) Cf. J. 데리다, 〈죽음을 주다〉, in 《증여의 윤리》, 인용 책, p.29.
25) F. 니체, 《비극의 탄생》, 인용 책, §3, p.25.

말하게 하는 것도 같은 경험이다.

결국 인간 실존에는 도덕적 의미의 '의무'로는 환원될 수 없는 부정적인 무엇——전자가 후자를 전제하므로——, 또 부적절하게 '결함'으로——Dasein이라는 그 일시적 존재에 적용될 수 없는 개념이므로——이해될 수밖에 없는 무엇인가가 있다. 왜냐하면 Dasein이 비록 자기 존재의 토대를 세우지 않았고, 결코 자기 실존의 주인이 될 수는 없지만, 실존하면서 자신의 토대-존재를 수용할 수는 있기에.[26] 실존에 고유한 이 '부정성'은 그와 같이 그것(실존)이 절대적으로 자신과 동시대로 되지 못하게 하며, 사르트르가 잘 보았듯이 시간성의 비가역성에서 비롯되는 한, 가장 고유한 자기 존재의 주인이 결코 될 수 없다는 그 불가능성이 바로 그것(실존)의 근본적 유한성이다.

그래서 Dasein은 '부정성'과 자신에 대한 근본적 늦음을 근간으로 자기성(ipséité)으로 되는 것이다. 그는 그러한 이유로 세상에 들어서면서 자신이 자기 것으로 수용하거나 하지 않을 수 있기는 하지만, 그 자신이 뜻하지는 않은 이미 앞서 그어진 가능성들을 발견하는 **상속자**의 위치에 필연적으로 처하게 되는 것이다.[27] 그렇지만 그는 그 가능성들에 **열릴** 수 있으므로 해서 진정으로 상속자가 될 수 있으며, 그래서 자신의 사실성(facticité)을 수용, 책임질 수 있는 것이다. 탄생의 실존론적 현상에 관련되는 '이미 주어진 것'에 자신이 소환됨을 수용함은 그러므로

---

26)《존재와 시간》, 인용 책, p.285.
27) 같은 책, p.384.

진정한 '존재 능력'의 자유를 요구하며, 이 '존재 능력'은 죽을 운명의 수용을 가정한다. 결코 현재로 될 수 없는 그 미래, 죽음이라는 그 미래에서 비롯되어서만 Dasein은 자기 탄생의 절대적 과거를 수용해서 **하나의** 실존(existence)이 될 수 있다. 여기에 하이데거가 사르트르의 비판을 예상해서 하는 일종의 답이 들어 있다――실존 가능성의 선택은 죽음에 비춰서만 있을 수 있고, **유한한** 자유만이 그래서 시간성의 비가역성에 맞설 수 있다.

   이렇게 태어남의 조건으로 밝혀지는 것이 죽음이라 하더라도, 철학적 전통에서 유한성은 본질적으로 인간의 죽을 운명에 준거하여 그의 '출생률(태어날 운명)'로 이름할 수 있을 것에 입각하여 이해되었다는 데는 변함이 없다. 사실 그가 죽을 운명에 처해 있기 때문이 아니라 그가 자신의 존재의 근원에 있지 않은 하나의 창조된 존재, ens creatum이기에 그는――창조주의 intuitus originarius가 존재자의 근원에 있는 그 시선인 반면―― intuitus derivativus 즉 '파생된 직관' 다시 말하면 주어진 것, 이미 있는 것만을 볼 수 있는 시선을 갖는다. 전통적으로 intuitus derivativus로 이해되는 것은, 그러니까 인간이라는 그 ens creatum의 직관이 그에 앞서 존재하는 존재자로부터 얻어져야 한다는 필요성인 것이다. 여기서도 또한 창조에 관한 기독교 교리는――던져진 존재에 그리고 실존이 자기 도래와 동시적이지 못하게 하는 그 근원적 '늦음'에 대한 결정론적 해석이 되기에――'사물 자체들'에서 토대를 발견한다.

   intuitus derivativus와 intuitus originarius[28]의 구별의 전통을 되풀이하는 칸트는 그로 인해 유한성을 인간 직관의 필연적으로 감각적인 성질에 종속시키는 유한성의 개념을 펼치게 된다. 왜냐하면 감성에서 막연히 관념적인 것만을 보는 데카르트주의에 비해 칸트주의의 아주 새로운 점은 감성에다 대등한 인지 능력을 인정하는 데 있기 때문이다. 칸트는 그렇게 **두 가지** 구별되는 인지 원천, 대상들이 그를 통해 주어지는 감성과, 대상들이 그를 통해 사고되는 오성이 있다고 주장한다.[29] 여기서부터는 모든 문제가 인간의 인지에 대한 정의의 문제로 된다――인간의 인지는 직관적 사유인가 사유하는 직관인가? 무조건적이지 않기 위해 개념이 필요한 직관과 직관 없이 빈 상태로 있는 개념 사이에 완전한 상호성이 있는가?[30] 인간 인지의 중심은 어디인가? 하이데거는 자신이 《칸트와 형이상학 문제》에서 발표하는 《순수 이성 비판》의 해석에서, 생각을 직관의 수단으로 정의하는 〈초월적 미학〉의 첫 문장을 강조하며, 거기서 무한한 신의 인지와 대립된 유한한 인간 인지의 정의를 본다. 전자는 온통 직관인데, 보여진 것의 근원에 있고 그것에 완전히 투명한 직관인 반면, 인간이 본다는 것은 바로 그것이 존재자의 주어진 현존에 부여되고 존재자에 비해 이차적이므로 그가 보는 것을 알기 위해서는 생각이 필요하다. 그렇지만 인간 인지와 신의 인지 사이의 근본적 차이는, 하나는 순수 직관이고 다른 하나는 생각하는 직관이라는 게 아니라, 직관 방식의 차이에 있다.

무엇이 유한한 직관을 특징짓는가? 그 직관은 창조적이지 못

---

28) 《순수 이성 비판》, 〈초월적 미학〉, §8 마지막.
29) 같은 책, 서론 마지막.
30) 같은 책, 〈초월적 논리〉, 서론, I.

하고 반대로 대상에, 그 대상에 비해 이차적으로 부여된다——
근원을 자기 바깥에 갖는 것이라는 의미로 **파생적**이다. 그러한
직관은 직관 스스로 대상을 제공할 수 없으므로, 그 대상이 그
에게 제공되는 것에 동의해야 한다. 그것을 특징짓는 것은 그러
므로 **수용성**이다. 그런데 칸트가 〈초월적 미학〉의 두번째 문장
에서 그 직관은 "대상이 특정한 방식으로 우리의 정신에 영향
을 끼치는 한에서만" 가능하다고 분명히 말하면서 보여 준 것
처럼, 받아들이기 위해서는 받아질 것에 의해 닿일 수 있어야
한다. 어떤 재능을 받음은 그러니까 어떤 영향을 전제로 하고,
〈초월적 미학〉의 세번째 문장에서 칸트는 수용성을 감성으로
정의하기 때문에 영향은 영향받을 수 있는 기관들, 즉 **감각** 기
관들을 전제로 한다. 하이데거는 그 세 개의 문장이 그것만으로
도 보통의 관점을 전복시킨다고 강조한다——인간의 직관은
감각들을 통해 영향을 받기 때문에 감각적인 게 아니라(그렇다
면 사실적 한계일 뿐이리라), 유한적이고 수용적이기 때문에 즉
존재자의 선재(先在)에 부여되기 때문에 감각들을 통해 존재자
에게 자신을 알릴 가능성을 주어야 한다. 그렇게 영향에 종사하
는 감각 기관들은 우리 유한성의 '원인들'이 아니라 그보다 그
것들의 결과들이고 감성은 우리의 유한성을 설명하기는커녕 반
대로 그 속에서 자신의 존재 이유를 발견한다. 거기에서 하이데
거는 "칸트가 이렇게 최초로 감성의 존재론적이고 비감각주의
적인 개념을 발견한다"[31]는 결론을 끌어낸다. 실은 그것이 순수

---

31) M. 하이데거, 《칸트와 형이상학의 문제》, Gallimard, 1953, p.87.

감성에 대한 (경험주의적 관점에서) 놀라운 이론을 그가 펼칠 수 있게 하는 것이다. 왜냐하면 감성은 대상들에 의해 만들어진 인상들을 받아들이는 **능력**이고, 그래서 그러한 자격으로 그 수용성의 조건들을 발휘해야 하기 때문이다. 그러므로 그것은 경험적 직관과 혼동되는 게 아니라 반대로 그것을 가능토록 한다.

인간의 인지는 그러므로 첫째로 직관, 즉 대상의 즉각적 표상이다. 그러나 완전한 인지를 위해서는 그 표상이 항상 모두에게 접근 가능해야 한다. 직관된 것은 필연적으로 개별적이다——어떤 대상은 그것이 그것을 직관하는 각자에게 동일한 것**으로** 규정되는 경우에만 소통 가능해질 수 있다. 그러한 규정은 그러므로 직관에 표상된 것이 더 잘 표상되도록, 즉 여럿에게 현존하는 것이 되도록 관련된 개별적 대상을 일반성의 측면으로 나타나게 하는 표상(직관)의 표상(개념)으로 이루어진다. 유한한 직관은 규정을 필요로 하는 것인 만큼 그러므로 오성에 의존한다. 오성은 그것이 봉사하는 직관의 유한성에 속할 뿐 아니라 그 자체가 직관보다 더 유한한데, 왜냐하면 그것에는 직관을 특징짓는 직접성이 빠지기 때문이다. 하이데거는 거기서 오성의 추론적 성격이 바로 그것의 유한성의 가장 뚜렷한 표시가 된다는 결론을 끌어낸다.[32]

그러므로 유한성의 칸트적 개념은——무한한 인지가 존재자를 근원적으로 드러나게 함으로써 자신에게 그 존재자가 명백해지게 만드는 데 반해——그 유한성을 그것에는 하나의 대상

---

32) 같은 책, p.90.

(ob-jet)[33]밖에, 즉 그것이 부딪치게 되는, 앞서 실존하는 존재자 밖에 못되는 존재자의 전(前)증여에다 인간의 인지를 할당하는 것으로 이해한다. 왜냐하면 칸트 자신이 말하듯 **동일한** 존재자가 유한한 인지에 전달되면 현상이고, 무한한 인지에 전달되면 그 자체로 사물이기 때문이다.[34] 하지만 이렇게 유한성을 '창조된 존재'에, 즉 '출생률'에 입각하여 일방적으로 이해하면서 칸트는 전통적으로 모두 그랬듯 존재자를 나타나게 할 수 있는 창조적 직관의 능력을 어떤 다른 존재에다, 신에다 두게 된다. 그래서 그에게서 또 한 번 유한성이 **외부적으로** 규정된다. 유일하게 그것에 모든 의미를 줄 수 있는 신의 무한성에 유한성이 그처럼 등을 기대므로.[35] 죽어감이 태어남의 조건이고 죽음이 삶의 조건임을 드러나게 함으로써, 유한성이 시간의 저편을 더 이상 그것의 이면으로 전제하지 않을 것이기에 보다 더 근본적인 유한성의 개념에 이르는 것은 가능한가, 무한의 바탕 위에서 더 이상 지워지지 않을 근원적 유한성의 개념에 도달하는 것은 가능한가?

---

33) 라틴어 objicere(ob-jicere, 앞에 던지다)에서 온 objectum(앞에 놓인 것)에서. 〔역주〕

34) 같은 책, p.93.

35) M. 하이데거, 《칸트의 〈순수 이성 비판〉의 현상학적 해석》, Gallimard, 1977, p.355.

3. 근원적 유한성

유한과 유한성에 관한 모든 담론이 그 토대에서 이미 무한성의 개념을 전제한다고 물론 명백하게 논증하며 말할 수 있으리라. 유한성은 결여·미완성·미완료의 형태로만 나타날 수 있으므로 무한·완료·완전과의 관계가 갖는 우위를 전제로 하는 것이리라. 유한한 존재의 자기 이해는 그러므로 그의 무한한 타자 (un Autre infini)와의 관계에서 그에게 오는 것이리라. 그건 바로 세번째 《성찰》에서 데카르트가 자신에게서 무한의 개념을 발견하면서 주체의 죽을 운명으로부터가 아니라 신의 존재로부터 cogito의 유한성을 가정할 때 발생하는 것이다. 이렇게 "데카르트적 주체는 자신의 바깥에 관점을 두고, 그로부터 자신을 파악한다"──직관에도 이성에도 수용될 수 없는 그 무한과의 관계에서 윤리적 관계 자체를 보는 레비나스가 그 점을 강조하듯.[36] 유한한 자아에 침입하는 무한의 '외상성' 방식은── cogito와 그의 cogitatum, 사고와 그 대상 사이의 상관 관계는 거기서 끊임없이 **동시에** 긍정되기도 하고 부정되기도 하므로── 아마 **모든** 실제적 사유 행위를 감동적인 사건으로 만드는 사유자에 대한 그 사유된 것의 **독립성**, 그 독립성의 진정한 경험에 관련되는 것이리라. 사실 모든 문제는 그 경험에 대해 내리는 해석에 있다──유한의 근원을 유한과 **구별**하면 무한의 외재

---

36) 《총체성과 무한, 외부성에 관한 논고》, Le Livre de Poche, p.232.

성이 유한의 '이유'가 되고, 아니면 유한의 근원을 유한에 **관련**시킬 수 있는데, 그러면 유한의 내재성이 무한의 '이유'가 된다. 두 경우 유한성과 무한성은 하나가 필연적으로 다른 하나를 부르면서 내재적으로 연결된다.

　그러므로 유한성은 동시에 무한성의 경험이지 않은 것이 없고, 그것은 1929년 그들이 만났던 다보스학회에서 실질적으로 하이데거가 카시러에 맞서 내세운 점이기도 하다. 도덕성과 함께 칸트 철학에서 인식하는 존재의 유한성의 초월이기도 한 현상 세계 밖으로의 통로가 생김을 카시러는 강조했었다. 하이데거는 바로 그와 같은 명령 개념이 어떤 존재에게만 유효하기 때문에 그 본체적인 것(le nouménal)으로의 출구가 유한한 존재와 **관련하여** 있다는 점을 강조하면서, '정말 중심되는 문제'는 바로 여기서 유한성의 구성적 장소로 나타나는 것의 내용 속에서 무한성이 나타난다는 사실임을 보여 주고 싶어한다.[37] 현상학이 오로지 염두에 두면서 만족하는 것은, 그(현상학)로 하여금 유한성과 무한성 둘 중 하나를 다른 하나의 **바깥에 두지 못하게 하는** 그 둘의 **관계**이다――반대로 신학에서는 그렇게 한다. 하이데거는 비록 칸트의 사고가 펼쳐지는 전통적 범주가 확실히 신학의 영향 아래에 있긴 하지만, 칸트가 그 관계를 보았었다는 것을 《순수 이성 비판》에 대한 **현상학적** 해석의 범주에서 드러내 보이려 한다.

---

37) M. 하이데거, E. 카시러, 《칸트주의와 철학에 대한 토론》, Beauchesne, 1972, p.35.

유한성이 전제하는 것, 즉 직관의 수용성은 수용되어야 할 것과의 만남을 가능토록 하기 위해 그것을 향하는 방향 결정이다. 사실 뭔가가 마주 보는 상대, ob-jet(대상)로 제시되기 위해서는 객관적(ob-jective) 출현 지평이 뚜렷이 나타나야 하는 것이다. 유한한 존재, 그는 그가 직관하는 것을 창조하지 않으므로 그것을 맞이할 수 있는 조건들을 발휘할 수 있어야 한다. 즉 제시되는 것의 상(像)을 자발적으로 '형성'할 수 있어야 한다. 거기에 직관의 대상들의 사고될 수 있는 감각적 형태들 혹은 구조들을 제공하는 것으로서의 상상력의 역할이 있다. 칸트는 구조화하는 상상력을 exhibitio originaria, '생산적' 즉 근원적으로 대상을 제시할 수 있는 상상력으로 지칭하면서 유한한 존재 자체에 근원성을, 즉 자유 창조 능력을 그래서 인정하게 된다. 그런데 이 창조는 그에 앞서 존재하는 존재자 자체의 창조가 아니라 그가 ob-jet로 제시될 수 있을 지평의 창조이다. **존재론적** 지평의 이 자유로운 **증여**는 그러므로 **존재적인 수용성**에, 즉 우리에게 제시되는 존재자들의 단순한 인지에 전적으로 관련된다. 이러한 이유로 하이데거는 거기서 유한성에 대한 가장 강력한 논증을 본다.

사실 존재자의 전(前)존재에 대한 **의존성**에 의해 규정되어져서만 존재론적 지평에서의 개체화가 가능하다. 유한성이 '초월되기' 때문이 아니라, 존재가 그 자체로 유한성이기에 존재론이 가능하다[38]───왜냐하면 신이 아닌 유한한 존재만이 존재론을

---

38) 같은 책, p.35.

필요로 하므로. 모든 사고 행위에서 이루어지는 단순 소여의 '초월'은 결코 외부에서 오는 무한성의 빛의 침입이 아니라, 세상에 거주지가 지정된 스스로 자신의 감옥의 벽을 빛낼 불을 밝혀야만 하는 존재자의 이해 필요성의 표출이다. 이 초월적(trans-cendantal) 필요성이 바로 Da-sein(현-존, 여기 있음)의, 즉 모든 현존을 가능케 하며, 인간 존재의 근원에 있는 그 출구의 창조적 출현의 원천 자체이다―― "인간보다 더 원초적인 것이 그 속의 Dasein의 유한성이다."[39]

그러한 유한성의 정의는 죽음 바깥이나 신의 시간 바깥의 존재의 **지금의** 유한성에 더 이상 등을 기대고 있지 않고, 더 이상 그 자체로 형이상학적(초물질적)이지도 초월적(trans-cendantal)이지도 않으며, 반대로 초월주의의 드러난 뿌리, 형이상학의 결국은 노출된 토대이다. 왜냐하면 초월은 유한성과 죽을 운명에도 **불구하고** 있는 게 아니라, 죽음을 향한 존재로서의 Dasein이 바로 존재에의 절대적 폐쇄 가능성이나 그가 솟아난 심연의 어둠의 가능성에 **미리 돌진하는** 데서 비롯되는 초월의 유한성이 있기 때문이다. 그는 사실 존재하는 모든 것의 폐쇄 가능성이 그를 시종 위협하는 한에서만 그는 자신, 타자들, 세상에 **열려** 있을 수 있다. 그는 그와 같이 불안이――이 근본적 성향을 통해 Dasein은 자기 종말과 관계하면서, 헤겔이 "모든 실체의 절대적 유체화"라고 정말 적절히 지칭했던 것 속에서, "모든 실존을 오싹하게 하는, 비록 대체로 가려지긴 하지만 항구적인 일시

---

39) 《칸트와 형이상학의 문제》, 인용 책, p.285.

성"을 경험한다——그에게 드러내는 무(無) 속에 줄곧 있는 것
이다.[40)]

　만약 죽을 운명과의 관련이란 것이 인간과 그의 종말과의 관
계라면 그 종말은 더 이상 단순히 우연적 돌출, 불완전성, 미완
성으로가 아니라, 그와 반대로 모든 나타남의 드러나지 않는
'토대'와 '어두운' 원천으로 보여질 수 있다. 이러한 유한성의
정의는 그래서 인간을 그의 구성적 사실성, 즉 그의 고유한 세
속적·시간적·육체적 성격으로 되돌린다. 죽을 운명을 그렇게
세상으로의 출구라는 구성적 유한성으로 이해함은 동시에, 메
를로-퐁티가 하이데거에 아주 인접해서 **작용적**[41)] 유한성이라고
잘 이름지은 것처럼 탄생을 세상을 갖는 유한한 능력으로 이해
함이다. 왜냐하면 횔덜린의 디오티마가 죽어가며 말하듯 "우리
는 모든 사물들과 우리 자신에 더욱 신성하게 조화를 이뤄 더욱
내적으로 합쳐지기 위해 헤어진다. 우리는 살기 위해 죽는다"[42)]
는 것이므로.

　40) 같은 책, p.285.
　41) M. 메를로-퐁티, 《보이는 것과 보이지 않는 것》, Gallimard, 1964, p.305.
　42) J. 횔덜린, 《작품집》, coll. 〈Bibliothèque de la Pléiade〉, Gallimard, 1967,
p.262.(번역 약간 수정)

결 론
죽음, 말, 웃음

우리는 겉껍질, 이파리이고

모든 것의 한가운데 있는 과실은,

바로 각자가 속에 지닌 위대한 죽음이므로.

릴케[1]

그러니까 우리는 죽음이라는 그 무와 관계 있기에 세상에 열려 있다. 또한 우리의 실존은 오로지 무한한[2] 은폐와 망각의 심연——우리가 거기서 빠져나오는 것은 그것을 입증할 뿐——위에 세워지는 것이다. 왜냐하면 우리는 **실존하면서**, 우리 기술들을 그것을 극복하는 데 무기로 사용하면서 그것에 대항해 일어서고 그것을 이기려고 '애쓰면서'조차, 또 그때 특히 죽음을 증언하므로. 사실 그 기술들 중 첫째 가는 가장 강력한 것인 언어는 우리의 유한성을 가장 확실히 나타내는 것이기도 하다. 헤

---

1) 《가난과 죽음에 관한 책》, 1903.(A. Adamov 번역)

2) 그리스어에서는 한 단어로 말해지는 은폐와 잊음: lêthê, 이 단어는 지옥에서 망각의 평원 혹은 강의 이름이기도 한데 라틴어 동사 lateo처럼 동일한 어근에서 파생한 '숨어 있음,' '감춰져 있음'을 뜻하는 동사 lanthanô에서 왔다.

겔이 인정했듯 사물들에 이름을 강요하는 것은 그것들을 현실적 실존에서 소멸시키는 것이므로 언어 자체가 죽음의 힘이라면, 그건 헤겔을 해석하면서 블랑쇼가 그것을 잘 나타내 주듯 "내가 말할 때 죽음이 내 속에서 말한다"는 것을 뜻하고, 그 죽음은 나를 존재와 떼어 놓으면서 동시에 나를 그것에 연결시키기도 하는 것임을 뜻하는 것이다.[3] 의미의 출현 조건과 모든 언어의 발화 행위에 필요한 서두, 그것은 지울 수 없는 '이것'의 달성 불가능한 독자성을 죽여서 존재자의 이상적 일반성의 형태로 부활이 가능해지도록 하는 '일종의 엄청난 대살육'이다 ── "내가 꽃(!)이라 말하면 나의 음성이 어떤 윤곽도 남겨두지 않는 **망각**의 바깥으로, 생각 자체이며 감미로운, 모든 꽃다발들에 **부재**하는 그것이 알고 있는 꽃받침들과는 **다른** 무엇으로 음악적으로 일어난다."[4] 그래서 말은 그 어조의 음악성 속에서, 심연 같은 망각과 한정 없는 은폐로부터 사물들의 존재 자체를 낚아채는, 그것들의 단순한 감각적 독자성도 아니고 그것들의 순전히 추상적인 개념도 아닌, 우리에게 '감미롭게' 즉 감각적으로 그것들을 이름하는 낱말들의 울림으로 나타나는 그것들의 부재의 **이타성**을 끌어내는 것이다. 존재는 그러므로 죽음이 그 전권 내에서 우리에게 하는 증여일 뿐이며, 그 전권은 자연을 소유하려는 ── 오늘날엔 생물학의 발전으로 다름 아닌 인간 생

───────────

3) Cf. M. 블랑쇼, 〈문학과 죽을 권리〉, in 《불의 몫》, Gallimard, 1949, p.326.
4) S. 말라르메, 〈시의 공황〉, 《전집》, coll. 〈Bibliothèques de la Pléiade〉, Gallimard, 1974, p.368.(인용자 강조)

명의 무한정한 연장을 겨냥하지만——우리 '애씀'으로 꿈쩍도 않는다.[5] 실상 그 전권이 **허락하는** 것은 사실 인간의 거주 정비를 목표로 하는 작업에서가 아니라 세상의 **놀이의**——그 놀이에는, 무조건적이고 절대적인 것의 바램을 모두 뒤로 하고 죽을 운명으로 **되어,** 그 이후로 그 사실을 새기면서 죽음과 가까이 사는 이들만이 참여할 수 있다——**무상성**에의 참가에서 밝혀진다.[6]

《존재와 시간》에서, 아직 꽤 헤겔식으로 Dasein이 죽음 앞에 나타나서[7] 그를 정면으로 맞서는 능력으로 본래성이 정의되어 있지만, 뒤이어서는 오히려 '죽을 운명' 이 인간의 고유명사[8]로 되면서, 그(Dasein)에게는 죽음에 끼어들어 그 안에 **들어가는** 것이 관건이 된다.[9] 그러므로 바로 죽음만이 그 엄청남으로 휠덜린이 이미 텅 빈 하늘에서 보았던 그 척도를 인간에게 줄 수 있다.[10]——인간이 진짜로 속하는 데는 '잠시 갬' 보다는 그것(잠시 갬)의 **중심,** alêtheia(진실)의 lêthé(은폐, 망각)[11]이므로. 왜냐하면 바닥 없는 암흑으로부터만 세상의 빈터가 펼쳐질 수 있으며,

---

5) 이 점에 대해 H. 요나스가 《책임 원칙》에서 말한 것 볼 것, Cerf, 1991, p.39 이하.

6) M. 하이데거, 《에세이와 강연 모음》, 인용 책, p.213-214, 216 그리고 《Le Principe de raison》, Gallimard, 1962, p.241.

7) 《존재와 시간》, 인용 책, p.382.

8) 《에세이와 강연 모음》, 인용 책, p.212.

9) 같은 책, p.310.

10) Cf. 〈사랑스런 푸른빛으로〉라는 제목의 '광기' 의 시 in 휠덜린, 《작품집》, 인용 책, p.939.

11) Cf. 〈철학의 종말과 사고의 역할〉, 《질문 IV》, 인용 책, p.136.

또한 헤라클레이토스가 암시하듯, physis는 바로 그것이 좋아하는 '지하 동굴'에서 떠오를 수 있기 때문이다――"들추기는 결코 덮기를 배제하지 않을 뿐 아니라 그의 존재를 그대로, 즉 '들추기(dé-voilement)'로 펼치기 위해 그것을 **필요로**"[12] 하므로. 존재의 은신처이고 모든 빛의 어두운 원천으로서의 죽음에, 그것을 극복하기 위해 상상된 모든 전략들에 의해 미사고된 것으로 남아 있는 엄청난 힘이 그렇게 해서 인정된다.

세상이라는 이 빈터가 말 안에서 말로써만 펼쳐질 수 있다면 그것은 말 안에서 죽음 자체가 말한다는 것이고, 그렇다면 그 자체로 죽음을 실을 수 있는 힘을 언어에 인정하기보다는 그 언어 속에서 죽음이 우리에게 가하는 영향력의 현상적 증거를 보아야 한다. 왜냐하면 우리는 일면 그의 입 같은 것일 뿐이어서, 횔덜린이 말하듯 말하자면 그의 입술 위로――소리의 부화가 그것이 출발한 광대한 침묵을 깨기보다는 드러나게 하는 말들, ――"낱말들이 꽃들처럼 태어나게 된다."[13] 그럼에도 그 입은 찡그리거나 끔찍한 냄새를 풍기기는커녕 반대로 마치 불안이 즐거운 듯이, 초상이 기쁜 듯이 생글거리고 있다.

왜냐하면 불안은 Dasein의 도취적 성격, 그의 근본적 낯섦, 제 집의 친숙함에 그가 속하지 않음의 직관적 인식이므로,[14] 그

---

12) 《에세이와 강연 모음》, 인용 책, p.328, 하이데거는 헤라클레이토스의 단상 123에 주석을 단다: physis kruptesthai philei, "자연은 숨기를 좋아한다."(저자가 강조)

13) cf. 《빵과 술》, V절, 《작품집》, 인용 책, p.811.

14) 《존재와 시간》, 인용 책, p.188.

리고 그 (불안) 속에서 원래적으로 죽음에 내던져진 그의 존재
가 제 모습을 드러내므로,[15] 그것(불안)은 하이데거 자신이[16] 인
정하듯 기쁨과 즐거움에뿐만 아니라 바타유가 타당하게 "자연
이 스스로 가하는 폭력적 중지시킴"[17]이나 "단절과 포기 지점,
죽음의 예견"[18]을 보게 되는 웃음에도 비밀스레 결합되어 있기
때문이다. 웃음은 사실 불안할 경우처럼 우리에게 밑바닥이 없
을 때, 고정된 어떤 것도 남아 있지 않을 때, 그 정지 상태에서
우리가 갑자기 일상성의 중압과 속박에서 벗어나 짐스러운 존
재가 은총으로 변하는 초인간적인 그 가벼움을 느낄 때 **터지게**
된다.

　제어될 수 없는 웃음이 제어되지 않은 채 새어나와 우리를 뒤
흔들고 우리를 더 내밀하게 찢어 놓으며, 우리를 움츠리게 하는
괴로움이나 눈물보다 훨씬 더 우리를 열어 준다──그것은 우
리를 우리 속에 있는 심연의 가장자리까지, 그 근본적 죽을 운
명 속에서 자신이 건 것을 회수하기는커녕 근거 없는 소비와 단
순한 변화의──헤라클레이토스가 단상 52에서 말하는 그 '유
한성의 왕'[19]인 놀고 있는 아이가 그 상징적 모습이다──저항
할 수 없는 움직임에 오히려 휩쓸려 버리는 한 실존의 바닥 없
는 깊은 곳으로, 우리를 미친 듯이 데려간다.

---

15) 같은 책, p.251.
16) Cf. 《형이상학이란 무엇인가?》, in 《질문 I》, 인용 책, p.66.
17) G. 바타유, 〈죄인〉, 《전집》, V권, Gallimard, 1973, p.349.
18) 같은 책, p.355.
19) 횔덜린이 1793년 출판된 〈자유의 찬가〉에서 한 표현, Cf. 횔덜린, 《작
품집》, 인용 책, p.81.

"aiôn[즉 우리 각자에게 주어진 수명, 죽음에 의해 제한된 것으로서의 실존]은 졸들을——즉 아이의 왕국——옮기며 놀이하는 아이이다."[20]

우주적 놀이의 이 무책임과 무도덕성——그에 대한 바람직하거나 있음직한 속죄가 없다——그리고 이 유한성의 왕국, 바로 그러한 것들이 산업화된 사회, 즉 오늘날의 지구촌에 점차 확산되어 가는 죽음이 잊혀진 곳들에서 전혀 인식되지 못한 것들이다.

---

20) M. 콩쉬의 번역과 주석을 볼 것, 헤라클레이토스, 《단상들》, 인용 책, p.446.

참고 문헌

직접 · 간접적으로 죽음을 다루는 여러 종류의 글들이 매우 많으므로
이 참고 문헌은 이 책에서 인용된 글들은 언급하지 않고 책에 실재적으
로 도움이 된 다른 책들을 참고로 밝히는 데 그친다.

 - G. Bataille, 〈Hegel, la mort et le sacrifice〉, *in Deucalion*, 5, Éd. de
la Baconnière, Neuchatel, 1955, pp.21-43.
 - M. Conche, *La Mort et la pensée*, Éd. Mégare, 1973.
 - M. Heidegger, *Être et temps*, F. Vézin 번역, Gallimard, 1986.
Être et temps, E. Matineau 번역, Authentica, 1985.(비매)
 - A. Kojève, *Introduction à la lecture de Hegel*, Gallimard, 1947.(특히
〈헤겔 철학에서 죽음의 개념〉, pp.529-575)
 - W. Marx, 〈Les Mortels〉, *Le Cahier du Collège international de philo-
sophie*, n° 8, Osiris, 1989, pp.79-104.
 - Platon, *Phédon*, M. Dixsaut의 번역, 서문, 주, Flammarion, 1991.
 - J. Sallis, 〈La mortalité et l'imagination: Heidegger et le nom propre
de l'homme〉, *Le Cahier du Collège international de philosophie*, n° 8,
Osiris, 1989, pp.51-77.
 - L.-V. Thomas, *Anthropologie de la mort*, Payot, 1975.
 - P. Verstraten, *Le Soi et la mort incarnés*, Osiris, 1993-1994.
 - Alter, *Revue de Phénoménologie*, n° 1, Éd. Alter, 1993: 〈Naître et
mourir〉.

역자 후기

　죽음이란, 릴케의 표현을 빌리면, 각자가 자신 속에 지닌 과일과도 같은 것이다. 삶의 문제를 제대로 제기하기 위해, 가짜에 매달리지 않기 위해 자기의 것으로 성숙시켜야 할 과일. 존재의 근원에 닿기 위해 외면할 수 없는, 더 나아가서는 죽음과 가난을 노래한 시인이 그랬듯 평생을 바쳐 자신의 것으로 만들기 위해 애써야 할 그러한 과일 같은 것이다.

　그러나 인식의 문제에 있어서는, 태양을 바로 볼 수 없듯 죽음을 직시할 수 없다. 라 로슈푸코를 굳이 언급 않더라도, 생의 시작과 끝을 직시할 수 없음은 인간 인식의 한계를 애초부터 전제하고 든다. 그러한 전제 속에서 죽음을 삶의 (흔히 생각하는) 검정빛 바탕이라면——백색 바탕이라 하여도 그 막막한 권위에 대한 현기증을 표현할 수 있겠지만——그것은 그 위에 있는 것들을 뚜렷하게 드러내어 주는, 다시 말하면 존재의 의미를 가능케 해주는 밑바탕으로 간주될 수 있으리라. 그런데 우리가 빛깔이라고 이름하는 것이 우리의 가시권 내라는 한계 상황 속에서 주고받는 기호이고, 앞의 표현 또한 인식의 한계를 드러내는 인간 중심의 표현이라면, 어쩌면 죽음에 대한 사유야말로 가장 본질적인 유한성에 대한 사유, 나아가 사유 자체의 모험을 진지하게 시도하는 것이라 할 수 있겠다.

　철학을 하는 것이 이 세상에서의 경험의 의미를 밝히는 것을 임무로 삼는 것이라면, 프랑수아즈 다스튀르에게 현상학은 여러 가지 철학적 사유의 흐름 중의 하나라기보다 유일한 철학 방식이라 할 만큼 절대적이다. 그녀에게 철학은 애초부터 신학적·형이상학적·실증주의적 일탈을 신중히 경계하면서 그러한 임무를 스스로 부여해 왔다. 그런 점에서 볼 때, 사물 자체로 다가서면서 현상들이 언어로 오게 두는 진정한 철학적 방법론을 세운 후설을 그녀가 우선적으로 꼽는 것은 당연하다. 하지만 그녀는 후설이 주지주의를 확실하게 벗어나지 못하고, 경험의 제일 밑바탕으로서의 생명의 세계를 적절히 사유하지 못한 점을 아쉬워한다. 그러한 방향으로는 하이데거와 그 뒤를 이은 독일의 핑크, 체코슬로바키아의 파토카, 프랑스의 메를로-퐁티 등이 실존의 기본 구조를 명백하게 밝히려고 애쓰면서 더욱 멀리 간 것으로 보는 그녀는 그 방향에서 인간과 실체와의 관계, 인간과 외양과의 관계에 대한 전반적 질문, 즉 존재론과 따로 분리되지 않는 실존으로서의 인간의 존재 문제가 완전히 새로운 방식으로 제기될 가능성을 기대한다. 하이데거도 이미 이해하고 있었던 그러한 현상학적 인류학의 여파는 대단한데, 특히 정신의학의 분야에서 그러하며, 이 책의 저자 다스튀르는 1993년 Ecole française de Dasein-sanalyse 를 설립해서 매달 철학자들과 정신의학자들이 참여하는 세미나를 이끌고 있다.(Le Magazine littéraire, N° 403 Nov. 2001 참고)

참고로 Daseinsanalyse라는 심리요법은 프로이트의 친구이기도 했던 빈스반거(1881-1966)가 보다 과학적이고 보다 인간적인 정신병학을 위해 1940년대에 시작한 것으로, 하이데거의《존재와 시간》을 지침서로 하고 프로이트의 정신분석학, 후설의 현상학, 하이데거의 Daseinsanalytik의 세 가지를 기반으로 삼는다. 빈스반거에 의하면 모든 고통은 환자의 세계 내 존재 방식을 변질시키는데, 그 고통의 치료는 바로 인간의 존재 능력의 향상을 기하는 것이다. 총체적 인간의 가능성을 이끌 수 있도록 돕는 인류애적 지식 사용이라 할 수 있을 이러한 '실존론적 참여'는 언어를 통한 치료법이다. 다스튀르의 철학적 탐구와 마찬가지로, 이 치료법이 필수적으로 언어를 매체로 삼는다는 사실은 의미심장하다. 또한 심오하고, 때로는 아슬아슬하게 모험적인 사유의 세계를 표현하는 언어를 구축하는 이 철학 에세이의 저자는 존재 가능성의 길 위에 널브러진 정신의 족쇄들을 언어를 통해 치유할 수 있게 돕는 지식의 보다 실천적인 적용을 아우르는 지식인으로 보인다.

한편 인식론적으로 시인을 신뢰하기가 어렵다고 말하는 철학자들과는 달리, 이 책에서 사유의 오묘한 영역을 표현하면서 종종 시인에게 도움을 청하는 것을 볼 수 있다. 물론 대상 세계의 진실에 대한 인식론적 · 존재론적 관심을 가지면서 사물 자체로 다가서는 시인의 경우를 말하는 것인데, 언어의 섬세함과 정확성을 달리는 찾기 어렵기 때문이리라. 이 점에 있어서도 다스튀르는 다시 한 번 하이데거의 뒤를 따르고 있다.

시를 전공한 역자에게 이러한 철학과 시의 만남은 은근한 매력이었고, 철학을 전공으로 삼지 않았으면서 이 번역을 감행한 데 대한 약간의 위안이 되어 주기도 했다.

다스튀르의 이 책이 인간의 근본적 유한성에 대한 보다 근원적 사유를 언어 구조에 담아내려는 시도, 다시 말하면 철학적 방법론을 택했다면, 문화인류학적 측면의 죽음 양상의 서술 혹은 고고학적 · 역사적 고찰도 가능하다. 한국의 독자들이 접할 수 있는 죽음에 관한 저서를 최근의 것으로 간략하게 언급하자면 다음과 같다. 죽음에 관한 역사적 관점에서의 고고학적 고찰, 예를 들면 필립 아리에스가 《죽음의 역사》에서 보여 주듯 죽음을 대하는 태도를 문서들을 통해 읽어내는 접근 방법이 있는가 하면, 그것과 겹칠 수도 있는 것으로서, 모든 인류가 짊어진 운명인 죽음을 대하는 각각의 민족 정서에 대한 문화인류학적 관심도 있다. 예컨대《죽음 앞에서 곡한 공자와 노래한 장자》(何顯明 지음)가 그러한데, 이 책은 한 민족 정신의 거대한 두 강줄기의 근원에 있는 두 철학자의 사상을 통해 그들의 죽음관을——더 정확히 말하자면 삶에 대한 그들의 태도를——비교하고, 나아가 민족 문화에 대한 자기 비판적 반성을 시도함으로써 현재의 삶의 역동성에 새로운 기대와 전망을 가져 보는 적극적 사유를 보여 준다. 비슷한 방향에서 더 가깝게는 한국인의 죽음 정서를 논하는, '한국인의 죽음론'을 부제로 단《메멘토 모리, 죽음을 기억하라》(김열규 지음)와 같은 책도 있다. 그 외로 인류학적 관점에서 죽음 인식을 발생론적으로 분석하는 에드가 모랭의《인간과 죽음》을 들 수 있겠다.

죽음에 대한 다양한 연구들에도 불구하고 철학을 향한 절실한 시대적 요구는 생물학의 발전과 함께 감당해 내어야 할 윤리적 선택의 문제에 대한 고민일 것이다. 불안과 슬픔, 죽을 운명에 대한 고전적 혹은 고래로부터의 정서와 그것을 기반으로 한 '서정적' 사유로는 부족한, 생명의 시작과 죽음에 관련한 새로운 장이 열리고 있으므로.

이 책의 저자인 프랑수아즈 다스튀르는 지금은 니스대학교의(이 책의 출판 당시는 소르본대학교) 교수로 재직중이며, 표지에 언급된 저서 외에도《Husserl, des mathématiques à l'histoire》(éd. PUF, 1999), 그리고《Chair et langage, essais sur Merleau-Ponty》(éd. Encre Marine, 2001) 등이 있다.

2003년 12월 나길래

찾아보기

나길래
부산대학교 불문과 졸업
프랑스 프로방스대학 석사
프랑스 프로방스대학 박사 수료(현대시 전공)
부산대학교 강사
역서:《푸코 읽기》

현대신서
145

죽 음

초판 발행 : 2003년 12월 20일

지은이 : 프랑수아즈 다스튀르
옮긴이 : 나길래
총편집 : 韓仁淑
펴낸곳 : 東文選

제10-64호, 78. 12. 16 등록
110-300 서울 종로구 관훈동 74
전화 : 737-2795

편집설계 : 朴 月

ISBN 89-8038-430-0 94100
ISBN 89-8038-050-X (현대신서)

東文選 文藝新書 243

행복해지기 위해
무엇을 배워야 하는가

알랭 우지오 [외]
김교신 옮김

　아니, 행복해지는 법을 배울 수 있기라도 한 것일까? 행복하지 않다면 그 인생은 실패한 인생이란 말인가? 그리고 실패한 인생은 불행한 인생이고, 이는 아니 삶만 못한 것일까? ……현대인들은 과거의 그 어떤 조상들이 누렸던 것보다도 더한 풍족함 속에서도 끊임없이 '행복에 대한 강박증'에 시달린다. 행복은 이제 의무이자 종교이다. "행복하라, 그렇지 않으면……"

　프랑스 개혁교회 목사인 알랭 우지오의 기획아래 오늘날 프랑스에서 가장 영향력 있는 22명의 각계의 유명인사들이 모여 "행복해지는 법"에 대한 지혜를 짜 모았다.

- ■ 실패로부터 이익을 끌어낼 수 있을까?
- ■ 고통은 의미가 있을까?
- ■ 행복해지는 법을 배울 수 있을까?
- ■ 신앙은 삶에 도움을 줄 수 있을까?
- ■ 자신의 감정을 두려워해야 할까?
- ■ 더 이상 희망이 없을 땐 어떻게 살아야 할까?
- ■ 타인을 받아들이는 법을 배울 수 있을까?
- ■ 자기 자신을 사랑하는 법을 배울 수 있을까?

　마지막으로 알랭 우지오는 행복해지기 위한 세 가지 기술을 제시한다. 먼저 신뢰 속에 살아 있다는 느낌, 그 다음엔 태평함과 거침없음, 그리고 마지막으로 삶에 대한 단순한 사랑으로 '거저' 사는 기쁨. 하지만 이 세가지 중에서 가장 중요한 것은 변명도 이유도 없는 것에 대한 사랑, 삶에 대한 사랑이다.

東文選 現代新書 129

번영의 비참
— 종교화한 시장 경제와 그 적들

파스칼 브뤼크네르 / 이창실 옮김

'2002 프랑스 BOOK OF ECONOMY賞' 수상
'2002 유러피언 BOOK OF ECONOMY賞' 특별수훈

번영의 한가운데서 더 큰 비참이 확산되고 있다면 세계화의 혜택은 무엇이란 말인가?

모든 종교와 이데올로기가 붕괴되는 와중에 그래도 버티는 게 있다면 그건 경제다. 경제는 이제 무미건조한 과학이나 이성의 냉철한 활동이기를 그치고, 발전된 세계의 마지막 영성이 되었다. 이 준엄한 종교성은 이렇다 할 고양된 감정은 없어도 제의(祭儀)에 가까운 열정을 과시한다.

이 신화로부터 새로운 반체제 운동들이 사람들의 마음을 사로잡는다. 시장의 불공평을 비난하는 이 운동들은 지상의 모든 혼란의 원인이 시장에 있다고 본다. 그러나 실상은 그렇게 하면서 시장을 계속 역사의 원동력으로 삼게 된다. 신자유주의자들이나 이들을 비방하는 자들 모두가 같은 신앙으로 결속되어 있는 만큼 그들은 한통속이라 할 수 있다.

그렇다면 우리가 벗어나야 하는 것은 자본주의가 아니라 경제만능주의이다. 사회 전체를 지배하려 드는 경제의 원칙, 우리를 근면한 햄스터로 실추시켜 단순히 생산자·소비자 혹은 주주라는 역할에 가두어두는 이 원칙을 너나없이 떠받드는 상황에서 벗어나야 한다. 일체의 시장 경제 행위를 원위치에 되돌려 놓고 시장 경제가 아닌 자리를 되찾아야 한다. 이것은 우리 삶의 의미와도 직결되는 문제이기 때문이다.

파스칼 브뤼크네르: 1948년생으로 오늘날 프랑스에서 가장 영향력 있는 에세이스트이자 소설가이기도 하다. 그는 매 2년마다 소설과 에세이를 번갈아 가며 발표하고 있다. 주요 저서로는 《순진함의 유혹》(1995 메디치상), 《아름다움을 훔친 자들》(1997 르노도상), 《영원한 황홀》 등이 있으며, 1999년에는 프랑스에서 가장 많이 팔린 작가로 뽑히기도 하였다.

東文選 現代新書 94

진정한 모럴은 모럴을 비웃는다
— 책임진다는 것의 의미

알랭 에슈고엔 / 김웅권 옮김

오늘날 우리는 가치들이 혼재하고 중심을 잃은 이른바 '포스트모던'한 시대에 살고 있다. 다양한 가치들은 하나의 '조정적인' 절대 가치에 의해 정리되고 체계화되지 못하고, 무질서하게 병렬적으로 공존한다. 이런 다원적 현상은 풍요로 인식될 수 있으나, 역설적으로 현대인이 당면한 정신적 방황과 해체의 상황을 드러내 주는 하나의 징표라고도 할 수 있다. 자본주의의 승리와 이러한 가치의 혼란은 인간을 비도덕적으로 만들면서 약육강식적 투쟁의 강도만 심화시킬 우려가 있다. 그리하여 사회는 긴장과 갈등으로 치닫는 메마르고 냉혹한 세계가 될 수 있다.

개인의 자유와 권리가 확대되고, 사회적인 구속이나 억압이 줄어들면 줄어들수록 개인이 져야 할 책임의 무게는 그만큼 가중된다. 이 책임이 그의 자유와 권리를 보장해 주는 것이다. 개인의 신장과 비례하여 증가하는 이 책임이 등한시될 때 사회는 퇴보할 수밖에 없다. 기성의 모든 가치나 권위가 무너져도 더불어 사는 사회가 유지되려면, 개인이 자신의 결정과 행위 그리고 결과에 대해 자신과 타자 앞에, 또는 사회 앞에 책임을 지는 풍토가 정착되어야 한다. 그렇기 때문에 안개가 자욱이 낀 이 불투명한 시대에 책임 원리가 새로운 도덕의 원리로 부상되고 있는 것이다. 또한 어떤 다른 도덕적 질서와도 다르게 책임은 모든 이데올로기적 · 사상적 차이를 넘어서 지배적인 담론의 위치를 차지할 수 있다. 그것은 사회적 · 경제적 변화와 구속에 직면하여 문제들을 해결하기 위해 나타난 '자유의 발현'이기 때문이다.

東文選 現代新書 153

세계의 폭력

장 보드리야르 / 에드가 모랭
배영달 옮김

충격으로 표명된 최초의 논평 이후 2001년 9월 11일의 뉴욕 테러 사건을 어떻게 해석해야 할까? 미국 영토에서 발생한 테러리즘에 대한 이 눈길을 끄는 표현은 무엇을 의미하는 것일까?

아랍세계연구소에서 개최된 이 두 강연을 통해서, 장 보드리야르와 에드가 모랭은 이 사건을 '세계화'의 현재의 풍경 속에 다시 놓고 생각한다.

보드리야르의 관점에서 보면 쌍둥이 빌딩이라는 거만한 건축물은 쌍둥이 빌딩의 파괴와 무관하지 않으며, 금융의 힘과 승승장구하던 자유주의에 바쳐진 세계의 상징적 붕괴와 무관하지 않다. "극단적으로 말해서 테러리스들이 이 일을 저질렀지만, 그것은 우리가 원하는 바였다."고 그는 역설한다.

자신이 심사숙고한 중요한 주제들이 발견되는 한 텍스트를 통해, 에드가 모랭은 테러 행위를 가능하게 만들었던 역사적 조건들을 상기시키고, 나아가 다른 미래를 창조하기 위해 세계적인 자각에 호소한다.

이 두 강연은 현대 테러리즘의 의미와, 이 절대적 폭력이 탄생할 수 있는 세계의 상황을 이해하는 데 매우 중요한 것이 되고 있다.